D1375324

Valérie Jacob

Dictionnaire
de moi-même

Cet essai a été publié aux Éditions La Presse en 1976
Illustration de la couverture: Feuille d'un Livre d'Heures: *Le mois d'octobre*.
  (France, 1470; Département de livres rares et de collections spéciales
  des Bibliothèques de l'Université McGill, Montréal).
Maquette: Claude Lafrance

"Tous droits de traduction et d'adaptation, en totalité ou en partie, réservés
pour tous les pays. La reproduction d'un extrait quelconque de ce livre, par
quelque procédé que ce soit, tant électronique que mécanique, et en
particulier par photocopie et par microfilm, est interdite sans l'autorisation
écrite de l'auteur et de l'éditeur."

ISBN 2-7609-3419-5

© Copyright Ottawa 1987 par les Éditions Leméac Inc.
Dépôt légal — Bibliothèque nationale du Québec
2e trimestre 1987

Imprimé au Canada

JEAN ÉTHIER-BLAIS

Dictionnaire
de moi-même

LEMÉAC

PRÉFACE

J'ai écrit ce livre dans une grande maison de bois, de retour, au printemps, dans ma ville natale. Je passais mes journées à marcher de par les rues, à revoir d'anciens amis, à bavarder avec mon beau-frère et ma soeur, dont j'étais l'hôte. Pour me délasser après ces joutes de l'esprit, je prenais un vélo et me rendais jusqu'au Lac Nipissing; à perte de vue, l'eau s'étalait, sur laquelle flottaient encore des restes de glace. Je l'adorais en pensée, cette eau que mon père avait traversée cent fois, à pied, l'hiver, où s'étaient noyés des fantômes de ma jeunesse, mon frère Alphonse, Minette Marchildon, un jeune Quenneville. Les colères de ce lac sont légendaires. Le vent qui se lève sur lui n'a rien de valéryen. C'est aussitôt la tempête qui rend les embarcations fragiles. Pourtant, en ce début de mars, il était calme, sortant de son gel comme un géant qui vient à peine de s'éveiller, qui s'étend dans son lit, doucement, les yeux encore fermés, attendant que le sang coule plus vite dans ses veines.

Tôt le matin, je sautais en bas de mon lit d'homme et gagnais ma table de travail. Tout reposait dans Ur et dans Jérimadeth, parfois le jour n'était pas encore levé. Je tournais le dos à la fenêtre de ma chambre. La maison vivait du sommeil de la famille et son silence épousait la respiration des miens. J'écrivais. Peu à peu, je me rendais compte que la lumière de ma lampe était de trop. Son espace s'était rétréci. Pendant que j'écrivais, le jour avait daigné paraître et de conserve, le soleil et mes mots inondaient la chambre.

Qu'écrivais-je? J'ai relu ce livre avec une certaine pudeur. Il est, dans

ma vie, un cran d'arrêt. *Tout homme,
les auteurs en particulier, ressentent le
besoin de se raconter. Les longues soi-
rées d'hiver, autrefois, près du poêle
ou de la cheminée, retentissaient des
récits d'aèdes, grands-pères ou vieux
oncles célibataires, qui avaient voyagé,
qui proclamaient leurs hauts-faits. On
a l'impression que Philippe de Gaspé
devait être ainsi, avant de prendre son
courage à deux mains et de se mettre à
rédiger ses* Mémoires. *La vie nous apprend peu de chose, en somme, mais
ce peu est un trésor que nous transpor-
tons avec nous. Vient le moment où
nous voulons le partager. L'action elle-
même est une forme de souvenirs.
L'homme politique, dans la mesure où
il n'est pas quasi-analphabète, aspire à
l'immortalité par le geste qui dure. Afin
de s'assurer d'être immortel, il écrira
ses hauts-faits, qui, la plupart du
temps, se réduisent au train-train des
discours et des luttes intestines de parti. Peu importe. Du mariage de la mé-*

moire et du mot naîtra l'immortalité couronnée de fleurs, de branches d'olivier et de myrtes.

J'ai choisi la forme du dictionnaire parce que j'aime ces livres entre tous. Avec l'âge et la fréquentation assidue des auteurs, je constate que le sujet de conversation qui m'intéresse le plus, qui, souvent, me passionne, et lui seul, c'est la grammaire, c'est le bon usage, ce sont les méandres des règles. Le jeu subtil de l'agencement des mots de façon à susciter un rythme, me paraît le sommet de l'activité intellectuelle. Les innombrables dérivés de ces rencontres d'écriture permettent à l'homme de respirer sur la page, dans l'harmonie des phrases qui se suivent sans jamais se ressembler. Le dictionnaire témoigne de cette prodigieuse élaboration d'être. Ouvrez un Littré, ou, si vous aimez les classiques, le Furetière. Dans Littré, les exemples abondent qui vous permettent de suivre, au cours des siècles, le cheminement de la respiration française. Chaque auteur y fait son portrait, au point que, parfois, on veut rire ou se moquer. Mais on admire toujours car, autour d'un mot, les élans se regroupent, forment choeur, traduisent le sentiment d'une nation immense par la pensée et la sensibilité. Nous appartenons à cette nation, nous ajoutons, en terre américaine, des harmoniques à sa voix. Furetière est en lui-même une vaste prose. Il cite peu les bons auteurs de son temps, soucieux de photographier l'usage des mots et des expressions. Son siècle revit en lui et l'on est surpris de constater que c'est aussi celui de Racine (je pense au Racine de la correspondance) et de Fénelon. D'une certaine manière, Saint-Simon est plus près de Furetière que ne l'est Boileau. Preuve que les grands seigneurs restent du peuple alors que les bourgeois, forts de leurs connaissances, s'éloignent de lui. Les Mémoires de Richelieu sont du Furetière en style noble, tout cela est fort amusant. On peut s'asseoir sous la lampe, son Furetière sur les genoux et revivre toute une époque. Le bonheur en est fragile et profond.

Dans ce dictionnaire, j'ai laissé les mots me choisir au hasard. Je pourrais les remplacer tous par d'autres qui me permettraient tout aussi bien de faire mes gammes. J'aime les titres. J'avais d'abord pensé à intituler ce livre : Essais autobiographiques. Soudain, l'idée du dictonnaire m'est venue, celle d'un dictionnaire autobiographique. La réalité de ce livre est autre. S'il touche à la biographie, n'est-ce pas plutôt à celle de mes sentiments, de mes sensations ? Il s'y agira non pas de ma vie, mais de cette personne qui subit un sort, dont l'existence se résume entre deux dates, consacrée pour une large part à écrire. Moi, moi-même, d'autant plus haïssable que je lui suis plus attaché. Et ce livre écrit, lu par certains, ignoré des milliards d'hommes qui peuplent la

*Chine et le monde, je me rends compte
qu'il n'a que peu à voir avec cet autre
moi, plus jeune de dix ans. Dans la
chambre, seul le soleil est resté le
même. La nature ne change pas et nous
passons. Cette vérité mélancolique est
au centre de ce livre qu'elle éclaire,
non pas à la manière électrique, mais
comme une bougie dont l'art consiste à
créer une réalité crépusculaire et plus
belle. Le paysage intérieur a, lui aussi,
sa luminosité.*

Jean Éthier-Blais

DICTIONNAIRE
DE MOI-MÊME

À Jean-Marie et Catherine Paupert,
amis de ma jeunesse et de ma vie.

Amour

JE NE CONNAIS PERSONNE qui ait aimé, au point de
dire, sans mouvement d'ironie ou de recul : « J'aime, on
m'aime. » L'amour, en naissant, suscite ses détresses. D'où
nous vient ce besoin d'aimer, de nous jeter à la gorge de
la vie, d'obliger notre nature à nous livrer son coeur le
plus intime ? D'où nous vient ce besoin de souffrir ?
Pourquoi, souvent malgré qu'on en ait, aime-t-on ?
Chamfort raconte que Diderot, à soixante ans passés,
ne pouvant se maîtriser, succombait, soupirait, désirait.
Nous sommes loin de la statue olympienne de Saint-
Germain-des-Prés. Diderot, les yeux au ciel, la plume
d'oie en l'air, y attend l'arrivée de quelque pensée
« philosophique ». L'homme en lui est plus sympathique
que le penseur ; le causeur, de ton plus juste que l'écrivain.   Il aime.   On le repousse.   Lui de se dire :
« Vieux pendard, vieux fou, pourquoi s'acharner ? Pourquoi aimer ? » Pourquoi ? C'est le mot essentiel de la vie.
   En amour, Léautaud a raison, se présente d'abord
le physique. Les auteurs libres, depuis Dante jusqu'à
Stendhal et E. M. Forster, le reconnaissent. Les yeux.
Une femme paraît et le corps de l'homme vibre. Plus
tard, si l'amant évolue vers la spiritualité, il fera de la
femme le moteur de son assomption. Au départ, c'est la
chair. On se dira non ! non ! pour se hausser dans sa
puritaine estime. On veut avoir l'air noble, se draper
dans l'attitude de l'homme qui s'élève au-dessus de son
sexe. Mensonges. Lequel d'entre nous ne souhaite se perdre dans les bras du désir qui accueille ? L'amour, le voilà,

et je partage, le libertinage en moins, les idées de Léautaud
là-dessus. J'avoue, d'entrée de jeu, que ce sont les idées
des coeurs mélancoliques. Il n'y a, en ces matières, que la
volupté qui compte, la possession d'un corps, l'assouvissement du désir, le repos après, la langueur baudelai-
rienne ; le reste, c'est se moquer du monde : soupirs, élans,
fidélité. Je ne connais aucun être fidèle. Il est dans la
nature de l'humain de tromper et si, par hasard, il existe
un mari (ou une femme) fidèle jusque dans sa moelle,
il mérite une leçon. Je faisais un soir des aveux à une
belle personne. Je lui promettais mers et mondes. Elle
me refusa et ajouta aussitôt : « Votre regard a changé ».
En effet, en une seconde, j'étais passé de l'amour (ou du
désir) à une haine sans nom. Je me jurai de me venger.
Me vengerai-je ? N'est-ce pas que ce sont là jeux cruels ?

La vengeance ne fait-elle pas partie intégrante de
l'amour ? Il n'y en a pas de plus subtile que ce cadeau de la
nature, qui s'appelle vieillir. C'est ce qui fait que les
époux restent ensemble. Avec des frémissements de joie,
ils se regardent disparaître à pas lents mais sûrs, dans la
grisaille. Lorsqu'on ne m'aime pas, je veux tuer, détruire,
réduire en miettes. J'appelle cela : briser la poupée. Un
psychiatre en aurait long à dire. C'est le propre des
psychiatres de ne jamais faire court. Je me promène dans
mon appartement, les mains dans les poches de ma robe
de chambre, sans me raser de tout le jour, sans manger
(sinon quelque tartine de fromage), m'arrêtant devant
chaque tableau - Friedlander, Borduas, Simone Beaulieu,
mes oiseaux chinois - avalant des sortes de hurlements,
maudissant Dieu, voulant m'arracher les yeux et criant :
Pourquoi ? Pourquoi ? La plus grande malédiction, c'est
de n'être pas né aimable. J'envie le Prince de Ligne, et
le maudis.

Le temps ne guérit pas les blessures. Pendant une semaine, il les avive. Longues séances devant les tableaux. Le mouvement de la vie reprend le dessus. On pense qu'on a oublié. On marche dans la rue, le nez en l'air, sans penser à mal, en ne pensant à rien du tout, sinon au vent frais qui descend des collines comme du miel. Ah ! tais-toi mon coeur ! ces souvenirs sont ridicules d'âge. Mais il le faut. L'oubli, c'est le récit. On marche donc, en repos. Soudain, c'est la même forme au loin, la même démarche, ces jambes, ce cou, ce sourire rentré. Il faut un cercle de fer. Chamfort toujours : que le coeur se brise ou se bronze. Le coeur s'ennuie. C'est pourquoi on aime. *↳ se dote d'une armure*

S'imagine-t-on qu'on sera moins malheureux parce qu'on est aimé ? Ou moins seul ? La solitude des couples est la pire. Etre seul à deux. Le célibataire, lui, au moins, s'il lui prend la fantaisie de s'enfermer à triple tour dans sa chambre, de tourner le dos au monde et à la vie, il le fait, ne regarde personne, plonge dans le silence. La vie d'amour, c'est aussi d'entendre la ramée dans la pièce voisine, d'être arraché malgré soi au silence conquis ; ce sera le devoir qui appelle. Je regarde, autour de moi, les gens qui s'aiment. Ce ne sont que cris, récriminations. Il y a l'assouvissement des nuits.

Peut-être que ce qui, dans l'amour, est le plus beau, peut-être aussi le plus doux, c'est de renoncer avant de prendre. Se dominer, aimer en secret, ne pas avouer cet amour, laisser dans l'incertitude l'objet ; les regards vous dénoncent. Oui et non, car ce sont les aveux et les caresses qui créent la certitude. On n'aime pas, aussi longtemps qu'on se tait. Les paroles peuvent être des mensonges, mais moins que les regards. Ce que recherchent les amants, c'est la vérité d'eux-mêmes. Elle ne

réside que dans le don du corps ou dans l'acceptation
du refus. Peut-on continuer à aimer après avoir été
repoussé ? Il me semble que tout ceci doit se changer
bien vite en rage. Ce qui me frappe chez mes amis, c'est
l'absence de l'amour ; tout me paraît bien plat. Je vois
des couples qui s'aiment aux yeux du monde ; mais chez-
eux, en tête-à-tête, que se passe-t-il ? Parfois, au cours
d'un dîner, une femme va ouvrir la bouche, dire quelque
chose ; son mari la regarde, elle se tait. L'amour est
aussi cette connivence et cette autorité.

Je dois à la vérité de dire que plus je vieillis, moins
j'aime. Mieux encore, moins l'amour m'intéresse. L'ambition remplace l'amour, l'âge aidant. Autrefois, j'ai
beaucoup aimé Mme de Chasteller et Mme Récamier.
En somme, deux coquettes, tendres et intelligentes. Peut-
être les ai-je aimées parce qu'irréelles. Elles figuraient la
femme idéale, la femme-barrage, qui m'empêchait de
connaître la vraie femme, celle de chaque jour et de
chaque nuit. D'où mon goût forcené des amours faciles,
rapides, inconnues et rémunérées. En réalité, ne souffré-je
pas d'un sentiment d'indignité, qui m'empêche d'aimer
en profondeur ? Je ne puis dire me voilà, tel quel,
qualités et défauts, prenez-moi ou rejetez-moi, mais voici
l'amour ! Si on me refusait ? Ma vanité éclaterait dans
l'air comme le dirigeable Hindenburg. J'en mourrais de
honte. L'oeuvre de Nietzsche, comme celle de Baudelaire, est née de cette impossibilité. Même le vent du
désert est chargé d'épices. Moi, je suis condamné à mon
propre vide.

Vide ou vérité ? L'un n'entraîne-t-il pas l'autre ?
Au cours de ces derniers mois (été 1974) j'ai lu, par
bribes, presque chaque jour, Nietzsche. C'est l'envers
du décor, le vrai. L'essentiel de la vie de l'homme, c'est

la souffrance. Tout est amour, donc souffrance. Qu'ai-mait-il, lui, au juste ? Ni la femme, dont il ne semble avoir connu que des horreurs (et pourtant, Lou Salomé, Malwida von Meysenbug ?) ni l'homme, qui n'est dans son oeuvre qu'à titre d'humanité. Personne, sinon lui-même. Mauriac, dans une exposition, voit la photo de Nietzsche : « Ce masturbateur », dit-il. Pourquoi pas ? Amour de soi dans l'épaisseur des rêves impossibles. Cette violence faite à soi-même est peu de chose, en somme. On la retrouve dans l'oeuvre de Nietzsche, dans le perfide éloge qu'il fait à tout propos de lui-même. Il est le plus grand, le plus fort, le plus beau ! Personne n'était digne de lui, et c'est vrai. Imagine-t-on une Mme F. Nietzsche ? Une Cosima Nietzsche ? Nulle femme ne pouvait l'attirer vers le ciel. Son paradis est celui de Mahomet. Pourtant, lorsque je parle du vide, je pense aussi à la recherche de quelque chose d'autre, qui a peut-être nom amour. Con-naissance de soi, maîtrise de l'esprit et des sens, bonheur de l'équilibre ? Ou don de soi ? Ou le divin oubli ? Je crois qu'avant de savoir aimer, afin d'apprendre, il faut passer par cette zone de feu où la mémoire n'a plus cours, traverser un désert fait de souffrance et de peur. Les mystiques connaissent cette démarche. Ils s'éveillent tôt, sortent, traversent des jardins et des villes, vont jusqu'aux montagnes, regardent le faîte et continuent d'avancer, à la main, le bâton. Ils montent vers le vide, par la souf-france. Image de ce que doit être la vie d'un homme qui veut aimer.

Tous le veulent-ils ? Je constate que, dans mon esprit, l'amour est une expérience transcendantale. Lors-que j'écris que seul compte l'amour physique, je réagis, peut-être par l'absurde, contre ce besoin de transcen-

dance. En moi, c'est le scorpion qui s'arrache à la boue
et qui croit que le bonheur ce sera le feu. Ô erreur !

Oui, erreur. Le bonheur n'est jamais là que pour un
instant. Il faut le saisir et s'enfouir délicieusement en lui.
Pourtant, j'ai été heureux, au point de me dire que si,
soudain, on m'annonçait le pire, qui a nom mort, je ne
saurais ni ruer, ni me plaindre. Il n'est pas illogique qu'à
l'amour de la vie réponde l'aspiration à la mort. La
beauté est une. La vie est le mordant de la mort, qui est
miroir de la vie. La trajectoire de l'homme est semblable
à une eau-forte. On y trouve la mixtion essentielle,
douceur de l'huile et acidité des inventions du coeur qui
mène. Il est cette pensée de derrière, dont parle Pascal,
qui doit servir à tout juger. Il est instinct d'amour.

Je relis ces pages, qui ressemblent au profil de ma
vie. Ai-je aimé ? Dubito quin. J'ai souvent désiré passionnément, mais je suis fait de telle sorte qu'au bout de
quelques jours, j'oublie mon désir. La moindre chose
retient mon attention, la captive, la remplit, puis il
est trop tard, je me dis à quoi bon ? Je quitte le lieu de
mon dernier sentiment. Ma mémoire est pleine de ces
fantômes qui, peut-être, auraient donné un sens à ma
vie. Lorsque je fais le tour des êtres que j'admire, je
constate qu'ils ont peu aimé. Montaigne, Nietzsche, B.
Constant, ce dernier, coureur énigmatique, qui a surtout
courtisé l'argent. A la fin de sa vie, le bordel et une
soupe aux choux. Le bordel qui était aussi l'enfer du jeu.
Gagner ou perdre, Hérivaux, les funérailles nationales,
la tristesse à l'infini de vivre. Peu d'amour dans ces destins. Montaigne a aimé ses auteurs grecs et latins, il a
savouré leurs préceptes ; Nietzsche a lu et relu, attentif
à retourner chaque idée ; Benjamin est l'homme des

dictionnaires et des encyclopédies. Tous trois ont eu la
passion érasméenne de la plume qui avance sur le papier,
de la main qui recule et reprend le texte, de l'encre qui
précède la pensée sur la page. Véritable amour. L'amour
n'existe pas, écrit Montherlant, c'est une invention des
femmes. Voilà bien une parole d'écrivain.

L'équilibre est une grande
préoccupation d'Ethier Blais

Bonheur

J'AI LA PRÉTENTION de vouloir être heureux. Le dix-
huitième siècle a mis le mot à la mode. Depuis, chacun
souhaite en connaître la réalité. Saint-Just parlait de
bonheur. Il croyait sûrement, naïf comme pas un, qu'il
pouvait l'offrir aux hommes. Pendant ses discours, l'herbe
poussait dans Paris, et Napoléon est venu en France, sous
les traits d'un général maigre comme un coucou, arracher le chiendent du Champ-de-Mars. A trop vouloir le
bonheur, le sang jaillit. Je sais une chose. J'ai un tempérament égal, qui m'empêche d'être malheureux. Voilà
un bon point de départ. Chaque jour, je hume l'air de
mon propre temps. Fera-t-il beau ? Fera-t-il mauvais ?
Chaque jour, je me prépare à affronter le pire, qui ne
vient pas, sinon sous une forme presque souriante et
acceptable. Ainsi, autrefois, avant un examen, je me
munissais d'aspirines. Non pas de vrai calmant, mais de
ce qui convient pour prendre la juste mesure des choses,
rendre l'esprit et les nerfs solides. Le Comte Beugnot
décrit Bailly, maire de Paris, à la Conciergerie, partant
pour la guillotine : café (coup de fouet), chocolat
(équilibre). Bailly était une baderne, l'équivalent des
gauchistes de salon, mais il connaissait l'étendue de sa
volonté. Cette alternance est gidienne. Entre l'équilibre
et le bonheur, la distance est infinitésimale. Quiconque
recherche l'équilibre trouve une forme de non-malheur.
On dira (j'entends les voix surprises, je vois les mines
éplorées) : « Mais comme tout ça est négatif ! Nous
voulons autre chose que cette triste quête de l'impassi-

bilité. Pendant des millénaires, nos ancêtres ont souffert
du froid, du chaud, du sec et de l'humide. Il nous est
donné, à nous hommes du vingtième siècle, de pouvoir
être heureux. Les machines sont à notre service. Voulons-nous l'Europe ? Vite, un avion. L'Asie, l'Afrique,
l'Océanie ? Les moteurs vrombissent. Ici même, dans
nos salons, ces hommes que nous avons élus, viennent
nous expliquer à nous-mêmes par le truchement d'une
boîte électrique. Le téléphone nous permet de parler à
ceux que nous aimons. Et vous ne nous proposez qu'un
bonheur d'occasion ? Nous avons le droit d'exiger d'être
heureux, puisque Saint-Just et les sages qui l'ont suivi
nous ont promis le bonheur et ont fait sauter le monde
pour nous l'offrir ! »

Pourquoi pas, en effet ? De ma fenêtre, je vois la
neige qui tombe et qui recouvre le cimetière du Mont-
Royal. Des voitures noires, en files, roulent vers quelque
charnier. Je me lève et vais écrire ailleurs, crainte de
sombrer dans la tristesse. La recherche du bonheur ne
serait-elle pas le bonheur ? Nos ancêtres en parlent comme d'un instant, donc toujours fugace, jamais comme
d'un état. Le bonheur est un piment. Il relève le brouet
de la vie. Ronsard, au pied de ces dames, rêve de posséder l'une d'elles. Le rêve est-il lui aussi bonheur ? Il
glisse vers lui, mais le vrai bonheur sera dans la possession.
Instant privilégié. Nous avons appris à exiger plus de la
vie que ces coups d'arquebuse dans la nuit. Au château
de Fontainebleau (celui que de tous je préfère), la danse
des Heures alterne avec une Vénus, toujours qui, à la
façon de Ronsard, rêve, mais elle, à l'homme. La sala-
mandre de François 1er s'agite dans l'éclat du feu. Où
est le bonheur dans tout cela ? La recherche, oui, le
bonheur non. Aujourd'hui, sur leurs yachts, les milliar-

daires promènent un ennui mille fois plus barnaboothien que nature. Sur les mers, leur recherche du bonheur fait fuir les poissons vers les bas-fonds, les oiseaux vers le plus inaccessible ciel. Ce que les riches et les puissants ne trouvent pas nous est-il possible, à nous qui ne sommes rien ? Aux joies des feuilles se mêle la tristesse de n'être pas seul ; à la solitude, le besoin de parler, de regarder par les yeux d'un autre, d'entendre une voix qui ne parle que pour vous. Le bonheur montre-t-il le bout de l'oreille, la nostalgie le lui tord. Autre chose ! Autre chose encore ! répète le coeur humain.

Ai-je été heureux ? Notre civilisation a permis à l'instant de bonheur d'être un peu moins fugace. Noircir des pages, est-ce être heureux ? Montherlant, qui connaissait les coins de rues de deux continents, l'a cru. Plus que la fuite, la chaise et la table, la clarté répétée à l'infini, ô Mallarmé, de la lampe. Cette main que la plume transforme en poing, qui va, vient, rythme régulier, sur la ligne droite. Le bonheur ne serait-il pas, aussi, cette certitude qu'a l'homme qui écrit, comme la possède dans son instinct le tourneur, le menuisier, le savetier, d'appartenir à une lignée ? L'écrivain, à chaque mot (je parle de ceux qui aiment écrire, non des tâcherons ou de ceux qui méprisent la langue qu'ils emploient) se définit, se dit, se livre, fait acte autonome. Pourtant, sur la page, dans le livre, il disparaît au profit du langage et de ceux qui ont écrit avant lui. Nous sommes des artisans, c'est Goethe qui le dit. Après quatre-vingts ans d'étude, il ne savait pas encore l'allemand. Se perdre dans la géniale ignorance de Goethe, est-ce être heureux ? Le cordonnier qui, l'alène à la main, comme une plume, retrouve la perfection de l'immémorial, et qui le sent jusque dans sa moelle, n'est-il pas heureux ? Charlotte

qui tranche le pain, Robespierre qui tranche les têtes.
Le dix-huitième siècle, à l'orée du bonheur, se retrouve
dans la simple mécanique (l'expression est de Yerri
Kempf) de la lame qui tombe. L'homme devient cruel
dès lors qu'on lui enlève le droit de rêver. Simplifier la
vie, réduire les mythes à leurs composantes premières,
c'est obliger l'homme à se répandre ailleurs que dans
l'imagination. Il se jette dans le simplisme le plus brutal.
La cruauté triomphe partout. Les métayers du Prince
Esterházy ou de Gide avaient des employeurs, ou des
maîtres qui, à l'occasion, pouvaient être durs. Mais Gide,
comme Esterházy, avait l'âme trop complexe pour être
véritablement cruel. La tradition du riche occidental
classique va à l'encontre du refus du bonheur des autres.
Les maîtres les plus cruels, les *seuls* cruels peut-être, sont
ceux qui accèdent en quelque sorte par surprise à l'autorité totale. Ils n'en veulent pas démordre. Plus question
ici de bonheur, mais d'efficacité. Les tours de guet se
dressent. La classe dirigeante est heureuse, Hitler et
Brejnev, bons compagnons, cependant que les camps pro-
duisent leur ration d'épouvante.

Ai-je été heureux ? Sans doute, mais jamais
pour une seule raison. Il a fallu à mon bonheur pour
paraître que les motifs et les situations s'accumulent et
forment faisceau. En 1948, dans ma chambre de l'Ecole
Normale, c'était l'automne, le soir, je lisais. Je terminais
Wuthering Heights. Les dernières pages, par un effet de
concentration magique, m'émurent au point que je pleu-
rai, d'abord guidé par la détresse du récit et la perfection
du langage, rencontre sans précédent dans ma vie ; de
joie parce que j'ai alors connu que les portes de la compréhension littéraire m'étaient ouvertes. Désormais, me
disais-je, je puis lire sans crainte que le récit, se repliant

sur lui-même, me laisse devant la grille fermée. Quiconque vibre à ce point, tendu en son entier, à la lecture d'Emily Brontë est fait pour dialoguer avec les mots, les servir et leur faire rendre un peu de leur suc. Cette joie livresque s'ajoutait, je m'en rendais compte, à une autre, où ma présence à Paris n'avait pas petite part. Je vivais entouré de camarades ironiques, intelligents, polis, parfois graves. Aucune sorte de souci, sauf celui de m'épanouir, de lire, de me perdre dans la ville, ne venait rompre l'ordonnance passive de mon être. J'étais dans les aires de l'intelligence et de la sensibilité, comme un jardin suspendu. Les Français sont vite hommes faits. Leur intelligence est l'objet, dès les balbutiements du potache, de pressions qui semblent inhumaines, mais qui sont réponse à la question que posent tous ces yeux d'enfants avides de savoir. A vingt ans, ils savent beaucoup de choses. Je connaissais, en arrivant à Paris, ce qu'on avait bien voulu m'enseigner. Mais j'avais lu et circulais à mon aise dans le monde des livres. On me voyait, entre les rayonnages de la Bibliothèque, passant d'un livre à l'autre, jusqu'à ce que me tombe dans les mains celui qui devait, ce jour-là et les suivants, me parler. Un nombre incalculable de thèses de doctorat me tint compagnie, près d'une fenêtre. Le plancher craquait. On prétendait que la Bibliothèque de l'Ecole était hantée. Le fantôme d'un Normalien, mort aux bords de l'Elbe, s'y promenait. A la fin du XIXe siècle, la maison s'affaissant, on suréleva le parquet. Le mort tenait à ses habitudes et ceux qui l'aperçurent, la nuit, passer d'un rayon à l'autre, ne purent jamais lui voir les pieds. Il continuait de marcher sur son parquet familier. Je n'eus jamais l'honneur de l'entrevoir, non plus que le fantôme de Lucien Herr, dont la réputation s'estompait.

J'ai compris alors, époque où je pensais à lui, qu'il figu-
rait le type du faux grand homme, garde-chiourme de
bibliothèque, réglant les lectures des gens, semonçant
Péguy. Notre monde est plein de ces censeurs qui ne se
risquent à faire oeuvre que pour corriger celles des autres.
Je ne veux pas être de ceux-là. Je suis critique, poète,
romancier, essayiste. Dans mes articles, je me livre. C'est
un journal que j'écris, à partir des autres. Dirai-je le
fond de ma pensée ? La plupart du temps, les ouvrages
dont je parle ne m'intéressent guère. Souvent, ils m'ennuient. Je les lis du bout des yeux. J'ai hâte d'en avoir
fini, je pense à autre chose. J'ai l'habitude de lire. Les
quelques lignes qui conviennent, l'organisation du livre,
le style (s'il y a lieu), rien de tout cela ne m'échappe.
L'ennui n'en est pas moins là. Que voulez-vous ? Je suis
en train de lire, pour moi, une étude de Jean Daniélou
sur l'Eglise primitive, en alternance avec l'*Immoraliste*.
Rencontre piquante. Voilà que, pour samedi prochain,
je dois m'astreindre au dernier Blanchot, proprement
illisible, intelligence surfaite par des boutiquiers parisiens.
Je prends quelques notes, le livre me tombe des mains.
Réputation d'éditeurs. Il faut que la machine tourne.
Quelque zozo, dans un coin perdu, se laissera prendre et
croira que Blanchot a joué un grand rôle dans la littérature. Pourquoi pas, après tout ? On le dit bien de
Jean Paulhan. C'est toujours la smalah intellectuelle de
Lucien Herr qui l'emporte, gens de rien qui se pavanent
et s'entraident. Ceci passionnait Paris, il y a un demi-
siècle. C'est quand même pitoyable.

Le bonheur, ou son idée, m'entraîne loin en arrière,
et puisqu'il s'agit d'écrivains médiocres, vers le néant.
Je crains bien que la lutte entre les écrivains personnels
et ceux qui les utilisent ne finira jamais. Une page de

critique de Léautaud vaut toute l'oeuvre de Herr et de
Blanchot. Que ces derniers se consolent ! Ils ont leurs
lecteurs. Il y a pléthore de gens aussi ennuyeux qu'eux
qui ne demandent qu'à se retrouver dans leur grisaille.
En général, bien qu'ils protestent du contraire, les hommes aiment qu'on leur bride l'intelligence. Le bonheur
ne serait-il pas dans la lucidité ? Se connaître soi-même.
J'ai aussi goûté à cette joie. Elle me quittait vite. A
chaque tournant de ma vie, je me retrouvais autre, trop
ouvert que je suis à tous les courants, comme un delta
où s'étalent eaux riches et pauvres. Le delta, à la fin,
n'est plus que cela, lieu indifférencié et fumeux, que
hantent les chasseurs et leurs proies. J'habitais la
France. Nous sommes en 1951. J'y étais heureux. Le
peu d'argent qui me restait faisait mine de fuir pour
toujours. Un ami m'offre d'aller en Allemagne, dans sa
famille. J'accepte et me retrouve dans un château du
dix-huitième siècle, sous l'égide de la Baronne von Brenken. J'ai décrit cette femme et cette vie dans *Mater
Europa*. A mon dernier voyage en Allemagne, Egon
Westerholt m'a remis une gravure du château d'Erpernburg. Avant de la porter chez l'encadreur, j'ai noté au
dos : « Hier bin Ich einmal glücklich gewesen ». Je
m'asseyais dans un grand fauteuil près d'une fenêtre, le
chien Moepp sur les genoux, et lisais le journal, ou Benjamin Constant, ou, en allemand, les *Mémoires* de Daisy
Pless. Mon coeur était à l'aise. Je n'aimais rien pour lors
sinon la Baronne Brenken et l'Allemagne. A cette paix
s'ajoutait celle de la Westphalie. Je suis retourné à
Brenken, en compagnie de Nina Troubetzkoï. Nous
avons couché à Paderborn, visité l'admirable cathédrale,
salué au passage l'ardente mémoire du Cardinal v. Galen,
puis en route vers Brenken ! J'ai trouvé le cimetière,

à l'orée du parc. Là, devant la tombe de ma vieille amie,
j'ai pleuré. De chagrin, de l'avoir perdue ; de honte, de
l'avoir abandonnée ; de reconnaissance, pour notre
amour ; de fidélité, car elle est dans tout ce que j'écris.
C'est là qu'elle revit, loin des champs de sa Westphalie
natale, mais bien ici, au Québec, nouvelle patrie de sa
mémoire. Est-ce suffisance ? Je veux transporter, comme
Enée Anchise, tous ceux que j'ai aimés, avec moi, dans
l'avenir, quel qu'il soit. Que de fois j'ai parlé de ces choses
avec la Baronne Brenken. Nous marchions dans une allée
de marronniers. Nous voyions le château, plus loin les
fumées du village, plus loin encore, au carrefour, une
ferme qui avait dû, autrefois, servir d'auberge. Moepp
nous précédait, courait, s'arrêtait, nous regardait venir.
Elle me disait, comme tant d'autres avant elle, et après :
« Vous racontez votre vie. Ecrivez-la. Ecrivez. » La
crainte de la solitude, et du travail, a longtemps été la
plus forte. Je n'aime pas écrire. Ma solitude me pèse et
m'enchante à la fois. Allez démêler tout cela. Les jours
de bonheur se succédaient, sans que j'y prisse garde. Je
partis, revins, m'éloignai de nouveau et pour toujours.
Je revois Büren, Brenken, Paderborn, Bielefeldt, Cologne,
Düsseldorf, ces lieux où s'est déroulée la vie de ma vieille
amie. Je revois le ciel de l'Allemagne, sans peine je
retrouve sa mélancolie au fond de moi. Il me suffit de
fermer les yeux. C'est ainsi que les instants de bonheur
passés gîtent dans les replis de la conscience, prêts à
paraître. Laissez-les libres et ils deviennent énormes,
comme le baobab, et meublent l'imagination.

Je ne parle pas du bonheur qui naît de l'amour,
puisqu'il est fait de désir d'abord, d'une sorte de haine
ensuite. Le bonheur est aussi dans le secret du silence.

A quoi est bon l'homme qui a tout dit ? J'ai à la main
un morceau de jade sculpté, dont les circonvolutions me
rappellent le style de Proust. Il sert à porter bonheur.
On le tient à la main, il vous calme. En ce moment, il
repose au creux de ma paume et je le caresse du pouce.
Il ne me quitte guère et m'accompagne dans mes voyages. Nous nous aimons bien, lui et moi. Je l'ai rapporté
de Hanoï. J'y fréquentais un Français, administrateur
des musées. Avant mon départ, il m'offrit ce porte-
bonheur. Combien de mains l'ont, avant les miennes,
caressé ? Combien de regards analysé ses formes, cherché
à en saisir le sens ? Est-ce une pierre mystique, bénie,
dans la nuit des temps, par quelque bonze ? Le dos est
entouré d'un croissant roux au centre duquel un cercle
creux figure le nombril éternel. Un réseau de feuilles le
recouvre. Une singulière harmonie se dégage de ce motif,
question et réponse, paix. Je regarde ma pierre, la tourne
dans tous les sens, je veux qu'elle me dise son secret. Je
sais que je n'y parviendrai pas. Peu importe. Il y a
quelque part, là, mais où ? une âme qui sera, si mes
yeux la voient, celle de la matière. Il en va de même
pour l'homme et ses oeuvres. On veut découvrir un auteur, qui a la prétention de tout dire en cachant tout.
L'âme de jade, à chaque instant, affleure et se retire. Ce
rythme n'aura pas de fin.

Je veux être heureux, me disais-je, adolescent. Je
fermais les yeux et serrais les poings. L'ai-je été, sauf
par intermittences ? Chaque homme peut se poser cette
question. Montherlant a été hanté par l'idée que l'homme de sacrifice devait un jour accéder à la pure contemplation du bonheur. Hélas ! aucun de ses personnages
n'entrevoit même une lueur blafarde dans le ciel. Léon
de Coantré, comme le Cardinal d'Espagne, meurt bête-

ment, au mauvais moment, alors que l'heure ne sonne pas. Tout est illusion, ou mensonge. Le bonheur n'existe pas. Heureux l'homme qui a accepté, une fois pour toutes, ce verdict. J'ai la prétention, écrivais-je tout à l'heure, d'être heureux. C'est vouloir être autre que ce que je puis être. C'est vouloir me fondre dans la masse de ceux qui rêvent à l'impossible.

Acceptons l'inévitable en riant avec Rabelais ou en jouant, avec Flaubert, l'impassibilité. Heureux ou malheureux, quelque homme verra le jour qui se lève. Puissé-je, cet homme, l'être, moi ! Je saurai rendre justice à tous les soleils.

Chien

LES ARABES AIMENT LES CHATS, peu les chiens. Le chien
dont je parle s'appelle Tito. Il n'est d'aucune race. Sa
tête est un peu celle d'un chacal, son poil noir tacheté
de marron ; entre les yeux, une tache blanche. La démarche ? Ailée. Dans son regard ? Tendresse, moquerie,
reproches, tristesse, intelligence. Etendu sur le divan, au
milieu des amis qui causent, l'oreille au large, il lève la
tête lorsqu'on prononce son nom. Ses oreilles sont pointues. Il s'étend de tout son long, la tête repose entre les
jambes, disparaît presque dans les pattes. On ne voit
plus que la tache blanche, les oreilles qui frémissent, les
côtes que rythme la respiration. Chien de confiance et
de joie. Soudain, il se dresse à demi, s'étire, bâille, regarde
autour de lui, saute en bas du canapé et va s'allonger au
soleil ou à l'ombre, sur la terrasse. Tito regarde les mouches voler, les fleurs s'épanouir au soleil, la mer au loin,
dont il respire le sel. Après un quart d'heure, il va faire
un tour. Où ? Partout et nulle part. Le lendemain,
quelque voisin dira : « Hier, j'ai eu la visite de Tito ».
Il traverse le jardin, s'arrête un instant devant la grille
ouverte, vire à gauche, saute par-dessus la tabia, entre
deux lauriers, et se retrouve sur la route. Où habite
Tito ? Dans quelle maison ? Qu'est-il donc ?

Tito est un chien bâtard, né en Tunisie, dans les
environs de Hammamet, vers 1966. Personne ne connaît
ses parents, ni son âge. Son maître (s'il en a un) est un
jardinier qui répond au nom de Boubaker. Tito n'habite
pas chez Boubaker. L'hiver, il partage la chambre d'un
ami de son maître, Chedly ; l'été, il s'installe dans la villa

d'un Français. C'est là que je l'ai connu, c'est de là qu'il
vient de partir en quête d'odeurs et d'aventures. Boubaker et Chedly sont au service d'un Italien et d'un Américain. Ce dernier veut que Tito soit à lui. Les amis de
Tito veulent qu'il soit à tout le monde. Je soupçonne
Tito de vouloir n'être à personne.

Suivons Tito au cours de sa promenade. En face de
la villa, maison du soleil, un autre jardin dont la maison
donne sur la mer. Un écrivain anglais l'habite. Il s'est
fait construire un marabout et on peut l'y voir, chaque
jour, à sa table, qui écrit. Tito n'a que faire d'écritures.
Il s'arrête et renifle l'air. Une demoiselle caniche paraît.
Tito et elle échangent leurs civilités quotidiennes. Y
a-t-il eu, autrefois, amour ? Aujourd'hui, ce ne sont que
reconnaissances du nez, courses éperdues dans les allées,
aboiements qui crèvent l'air et que le bruit du soleil sur
les fleurs recouvre vite. Tito repart, la queue en l'air, et
c'est comme s'il dansait, fier de lui, possesseur de cette
terre où il marche. A sa gauche, des villas où on ne
l'aime pas vraiment ; personne ne l'y appelle, donc rien
de remarquable. A droite, une grande maison blanche,
où des jardiniers, inconnus et rébarbatifs, bêchent et pio-
chent tout le jour. Deux chiennes minuscules, à la laideur
de race, voient venir Tito. Elles glapissent. Vite, une
domestique les enferme, Tito s'arrête. Son coeur est
atteint. Parfois, il réussit à franchir la haie de roseaux
qui sépare son logis de la maison de ses almées. Les re-
trouvailles sont heureuses. Le maître des amoureuses voit
ce manège d'un oeil courroucé. Devant lui, qui a menacé
de le tuer, Tito tremble. L'amour est quand même le
plus fort et Tito, en dépit des objurgations de son vieil
ami français, court retrouver ses belles. On le rattrape,
on l'enferme entre la moucharabieh et la grille en forme

de clé de sol, qui orne la fenêtre. Entre ciel et terre, Tito peut contempler le jardin où se prélassent ses friponnes. Il gémit. Le temps passe. La passion canine est fille de la lune. Tito oublie qu'il aime avec passion. Il aime, tout simplement. C'est pourquoi nous le voyons s'arrêter devant la maison de son ennemi et rêver cependant que ses flammes disparaissent à l'intérieur. Sa mélancolie ne dure pas. Les voisins sont des amis, Français eux aussi. Ils quittent peu leur propriété et, l'hiver, Tito trouve chez eux l'os qui rassure et qui permet de croire, en dépit du vent et du froid, que la vie sera toujours belle.

Il y a deux Tito : celui de l'hiver, celui de l'été. Dès la fin de septembre, les villas se vident. Leurs habitants rentrent chez eux, finie la belle saison. Ne restent que quelques fanatiques de la mer et les domestiques. Tito perd ses amis. Il retourne loger chez Chedly. Il se promène, mais les maisons sont vides. Tito est chien de l'été. Il est libre, c'est ce qu'il aime. Les malheurs de sa vie lui viennent de son charme et de son amour de la liberté. Le village qui l'entoure est une Résidence, Jennet, lieu des Paradis. A soixante kilomètres de Tunis, dans la baie, entre Hammamet et Nabeul, c'est une vaste propriété qui donne sur la mer. Les villas y sont de style arabe, jolies, parfaitement enfouies dans le paysage. Devant, la mer, ses vagues, ses bruits, le roulement si particulier des vagues, l'éternité du mouvement, la certitude, devant cette permanence, qu'un jour soi, soi-même, être humain perdu au milieu des autres hommes, on mourra ; les pêcheurs vont et viennent, au loin et sur la plage. Le soir, on les voit nettoyer et ordonner leurs filets, tâche prenante. Je m'approche d'eux, à la faveur d'une promenade et démêle les mailles que retiennent des oursins. Les pieds dans le sable, en compagnie de ces hommes souriants, qui parlent arabe, j'oublie le poids de mon occidentalité, le Christ, mon éducation jésuite, le spectre de la mère, le froid de mon Septentrion et ces heures passées, chez moi, à attendre que vienne le néant. Je tourne le dos à la mer, ou je la regarde. Sans cesse j'entends le battement de son coeur sur la plage. Dirai-je que je me sens revivre ? Que non pas. Je sais, de science certaine, que parmi ces hommes, l'idée de la mort, de ma mort, s'estompe. Eux vivent et meurent sans se poser d'inutiles questions. L'été, ils ont chaud, l'hiver horriblement froid, ils grelottent, ils sont malades. Le soleil de la Tunisie est chaud, les hivers glacés. Recroquevillés sur eux-mêmes, dans le vent et la pluie, Boubaker, Chedly et leurs semblables attendent que revienne la douceur printanière de vivre.

Derrière la Résidence, une autre mer se dresse et fait, elle aussi, entendre sa voix. C'est la forêt des citronniers, des orangers, des oliviers qui s'étend jusqu'à la route puis, par d'obscurs valonnements, jusqu'au Djebel. Des fermes, avec leur puits autour duquel gravitent ânes et enfants, dorment au creux de quelque oliveraie. Des voix, le bruit que fait sur la terre une bête qui glisse, le frouement d'un oiseau, voilà que l'univers de fruits et de feuilles vibre. Du haut de ma terrasse, je songe que cette mer verte répond à l'autre. Comme Tito, que j'y ai rencontré quelques fois, j'aime plonger en elle. Je m'y enfonce comme un pagure qui a sorti la tête de sa coquille et qui décide d'y rentrer. Le chant des oiseaux se mêle au bruit de mes pas et à cette vague crainte que je ressens en forêt. Peur d'y rencontrer les démons de mon âme ? Tito, lui, s'y promène à son aise, tout au plaisir de se frotter aux arbustes, de pisser à volonté contre les arbres, de se rouler sur la terre rouge, de se couvrir de tics, source, par la suite, de maintes lamentations. Il aime moins la mer où, sous prétexte de caresses, nous l'entraînons malgré lui. Assis sur la plage, nous le regardons, avec quel plaisir, nager vers nous. Seule sa tête surnage, les yeux fixés sur un point perdu parmi les broussailles qu'il rejoindra, dès sa sortie de l'eau, en s'ébrouant. Il se roule dans le sable, toussote, crachote, nous lance des regards de tristesse et de reproche, s'enfuit, se retourne, nous regarde de nouveau, disparaît enfin lentement en hochant la tête. L'un de nous fait mine de le poursuivre. Tito s'enfuit. Il sait que c'est pure fantaisie, comme il sait aussi qu'on ne sait jamais. Il gambade dans le sable chaud et disparaît dans un sentier, loin de la mer et des hommes méchants. Il rentre à la maison de son ami français, c'est l'été et on l'aime encore, et attend le repas de midi. Tito ne se contente pas des restes. Il lui faut les morceaux les plus fins. Il aime surtout l'agneau ; de porc, chien arabe, il ne saurait être question, mais de boeuf, de poulet. Ses manières à table sont celles d'un enfant gâté. Il tourne autour des invités, leur grimpe sur les genoux, manifeste son mécontentement lorsque tarde l'offrande, happe le morceau, l'avale d'un coup sec et va quêter plus loin.

J'en viens au fait. Où est Tito ? L'été 1974, le patron américain de Chedly s'amène à Jennet. Il y passe trois semaines au bout desquelles, rentrant en Amérique, il décide de ramener Tito. Raison ? Tito, l'hiver, avait faim, n'était pas lavé, souffrait de la solitude. En réalité, la femme ne pouvait se passer du chien. Sans doute, dans sa banlieue, avait-elle parlé de Tito à ses amies. Ce chien, dans l'Amérique petite-bourgeoise, était devenu un mythe. Un matin, on m'apprend que Tito va partir. On

c'est Boubaker et Chedly, pleurnichant, incapables de
s'opposer à une décision du maître, homme d'affaires sec
et qui en impose par son pouvoir d'affirmation et l'habitude de commander. Il a le sourire maigre, rarissime, la
voix aigre et affiche cette fausse bonne humeur qui permet, l'alcool aidant, de conclure de bons contrats. On
me supplie de sauver Tito. Je me présente chez Crésus.
Je lui parle, en anglais, lui fais valoir que Tito, né ici,
aura du mal, à son âge, à s'adapter à un nouveau climat,
qu'il n'est pas véritablement attaché à eux, mais à tout
Jennet, que le transplanter, loin d'être une preuve d'affection, serait précisément le contraire. Je me laisse
emporter par le sentiment, je m'adresse aussi à la dame,
je les sens fléchir, bref, j'obtiens un sursis. Le taxi était
à la porte. On ouvre celle du salon, d'où sort Tito, qui
se jette sur moi, littéralement à mon cou, qui me lèche,
m'embrasse, fou d'émotion et de joie, qui se colle à moi,
qui n'en peut plus, qui me pisse dessus. Je cours dehors,
lui toujours dans mes bras, le dépose dans l'allée. Il s'enfuit en direction de sa maison.

Cependant, depuis un mois, la physionomie affective y avait changé. Tito ne régnait plus en favori
absolu. Le chien d'un jardinier, Cognac, boule blanche
aux dents pointues, s'était peu à peu introduit dans les
faveurs du maître. Tito s'était vu évincé, jusque de la
chambre, domaine de prédilection. Il avait rugi, boudé,
témoigné son mépris à son rival. Rien n'y avait fait.
L'homme, pauvre Tito, est fait d'inconstance ! Tito refusait, loin de l'accepter, de croire à son malheur. Il
s'accrochait. Je le vis détaler, le cœur serré. Bien entendu, Cognac ne vida pas les lieux, au contraire. On
n'aime jamais les persécutés et la présence de Tito rappelait à tous la trahison de ses entours. Il s'en rendit vite

compte. Peu après, son hôte français (je n'ose plus écrire son ami, son maître) rentra en France pour l'hiver et Tito se retrouva seul, en butte au ridicule d'avoir été abandonné. Il ne savait où aller, errait dans la propriété comme une âme en peine ; son voisin, qui le voyait rôder eut peur qu'il n'attentât sérieusement à la vertu de ses chiennes ; il exigea de Chedly, redevenu maître et gardien, que Tito fût mis en laisse. Nous entendions les hurlements de ce petit chien, habitué à la liberté, aux cuisses rapides, enfermé dans un garage. Par la fenêtre, on le voyait, accroché désespérément à la porte, le regard tout d'angoisse avec, dans l'attitude, un je ne sais quoi de terrible. Tito n'avait-il évité l'Amérique et ses froidures que pour se retrouver en prison ?

Je devinais qu'il se tramait autre chose. Chedly, qui clamait son affection pour Tito, souhaitait le livrer aux Américains. Son patron devait revenir, seul. Ne profiterait-il pas du vide hivernal de Jennet pour kidnapper Tito ? En somme, Chedly voulait le vendre. J'envoyai mon jardinier emprunter Tito traqué. Il vint et je l'installai dans le jardin au bout d'une longue corde. Nous le lavâmes et il monta, frissonnant, sur le toit, où il s'endormit. Il mangea : viande, viande et viande. Il passa la nuit avec moi, sur mon lit. Et il pleura, pauvre petit Tito, il pleura. Une sorte de plainte étouffée, perdue dans l'aigu, le cou dressé, secoué, à la fin du souffle, par un tressaillement de délire. On aurait dit un rite. Appelait-il d'autres chiens ? Voulait-il leur dire : « C'est moi Tito, je suis malheureux. Je vous prends à témoins de l'infidélité, de l'hypocrisie et de l'égoïsme des hommes ! » Je voulus le constater. « Tito, Tito », appelais-je à voix basse. Il me tournait le dos et se réfugiait au pied du lit. De l'espèce humaine, il avait assez. Il n'était plus question de chanter « ensemble assis sous le jasmin ». Tito

avait le coeur gros, c'était le désespoir. En quelques jours,
il avait vieilli. Ce n'était plus le joli petit chien du mois
de mai. Eté funeste ! Tito était devenu un chien vieillissant. Il passa ainsi trois jours chez moi, étendu sous un
transatlantique, attendant qu'advienne le pire. Je décidai
alors de le confier à des amis de Hammamet : grande
maison, domestiques, jardin enclos, chère exquise.   Je
l'amenai, avec l'accord de Boubaker et après avoir pré-
venu Chedly.   Tito, dans son nouveau foyer, après une
semaine de repos, parut reprendre goût à la vie. Ses habitudes lui revinrent et sa coquetterie.   Très vite, il se
choisit un lieu de prédilection d'où il était impossible de
le déloger.   C'était, devant le canapé, un tapis à côté de
la table à café. A table, il ne quêtait plus, mangeait
après ses maîtres. Avant le repas, il se rendait à la cuisine.
On lui montrait le menu. Heureux, en paix avec son
ventre, il attendait son tour.   Non pas gâté, mais aimé
sans cérémonie. Il fit, dans cette maison, l'apprentissage
de la vraie vie de chien : liberté et amour. Jamais à
l'écart, non plus jamais tout à fait au centre, viande
assurée, chaleur de l'âtre, affection sans fissure. Une
vieille dame régnait sur la maisonnée. Tito passait de
longues heures à ses pieds, parfois montait sur ses genoux.
On le voyait, de la rue, pensif, qui retrouvait peu à peu
son maintien de danseur. Lorsque le maître de maison
rentrait, c'était fête. Lui non plus ne gâtait pas Tito.
Il le traitait en jeune frère, lui parlait, l'invitait dans sa
chambre, lui expliquait mille choses. Dès le début de son
séjour, Tito comprit qu'il avait en face de lui des gens
vrais. Aussi se dérida-t-il. En quinze jours, sa mémoire,
comme la nôtre, oublieuse, lui avait fiché la paix. Un
jour, Chedly tenta de le reprendre. Tito reconnut son
pas de loin et s'enfuit sous un lit. Impossible de le délo-

ger. Au début de septembre, je rentrai à Montréal. Tito
était toujours aux pieds de sa nouvelle Egérie.

Ce bonheur (le dernier ?) ne dura pas. « Qu'a donc
l'ombre d'Allah ? » Pourquoi cette cruauté ? Je reçois un
jour une lettre. Chedly et son Américain, ce dernier
dans la voiture, se sont présentés chez mes amis et, en
deux temps trois mouvements, ont arraché Tito des bras
de la vieille dame et sont repartis. Tito est-il en Amérique ? Tel fut son destin, passé au tracanoir de la vie
parce que charmant, doux, moqueur. Trahi par ses amis,
sans doute par moi, vendu, emporté, sans défense, loin
de son pays. Ses arbres, ses fleurs, la boue de l'automne,
le bruit de la pluie sur le toit du garage, le soleil qui
paraît, la mer proche et lointaine, où est tout cela ?
L'autre jour, je rentrais de New York. Je voyais les
collines, qui deviennent les Adirondacks, ces routes immenses, à perte de vue, le ciel ; je pensais à Tito. Où
est-il, dans cette nature ? Que fait-il ? De quelle sorte
est son jardin ? Reviendra-t-il jamais à Hammamet ?
Lui, gentil, méditerranéen, que fera-t-il au milieu des
hommes et des femmes aux gestes brusques, à la voix
nasillarde ? Il a horreur des conserves ; que mangera-t-il ?
Lorsque, dans l'autobus, je vois une réclame à chiens, mon
coeur se serre. Je me dis attendons, peut-être l'été prochain nous réserve-t-il une surprise. Tito reparaissant
dans les allées de Jennet, ce serait beau. Lui courant,
aboyant, chassant les mouches, se roulant sur le sol, agile,
dans la fierté de son petit arrière-train, la tête haute et
soudain, lorsque paraît un molosse, se réfugiant dans vos
bras, le molosse parti, aboyant à sa suite. Aucun chien
ne lui ressemble. Les hommes l'ont trompé, dans leur
bonne et mauvaise conscience. Comment se faire par-
donner ?

Désir

IL Y A DES HOMMES pour qui la possession est un enfer.
Barbe-Bleue était de ceux-là. Don Juan. Ecartelés entre
Satan et Saint Jean-de-la-Croix, ils tournent comme un
rouet. Quelle toile filent-ils ? Celle du désir. Ils ne vivent pas afin d'atteindre un but, mais pour le désirer.
Dans le *Printemps*, Botticcelli fait danser la chasteté,
l'amour et la volupté. Ces deux dernières se tiennent
fort près l'une de l'autre, du reste absentes toutes trois,
la chasteté repliée sur elle-même, ses compagnes perdues
dans le songe du bonheur. Au ciel s'avance Cupidon,
flèche au poing. Il tuera la chasteté. Triomphent amour
et volupté. C'est le désir, c'est la chasse. Vous marchez
dans la rue. Vous rencontrez une connaissance, homme
ou femme. Vous saluez. Ils vous répondent. Regardez
les yeux qui remontent à la surface. Chacun vit une
scène de l'esprit qui se passe dans le futur. Perrette
n'était pas autre au milieu de sa basse-cour. Tout plutôt
que d'accepter le présent, avec ses misères. Don Juan a
poussé ce besoin à la pointe du triangle métaphysique.
Nous sommes tous comme lui. Nous voulons aller au
bout des choses, jusqu'à affronter l'inconnu essentiel (ne
serait-ce pas la mort ?) qui est le seul à pouvoir affirmer
que nous existons. Dieu peut être cet inconnu. Nous le
souhaitons parfaitement différent de nous. C'est pourquoi l'homme du désir amoureux, dans les femmes, cherche la femme. Il sait qu'il ne la trouvera qu'il ne les ait
toutes connues. Le jeu de la chasse s'engage. Les chiffres
du Don Juan de Mozart sont des enfantillages puisque
c'est la dernière de toutes les femmes du monde qui, seule,

a le secret. Restent toutes celles de l'histoire, Isabeau de
Bavière, Frédégonde, Berthe au grand pied, Monique,
jusqu'à Eve. C'est elle dont la nature a dit oui. Pourquoi ? Voilà le secret. Peut-être, la mort venue, l'homme
de désir dénoue-t-il l'écheveau. Que fera-t-il de son
éternité ? Il la passera à chercher pourquoi il a compris.

En quoi consiste le désir ? Les Allemands parlent
de *Sehnsucht*. Dante écrit ... « gran disio ». Le désir
est toujours grand lorsqu'on le vit. En allemand, le désir
recouvre l'âme et ses sensations. Le besoin est comme
diffus. L'univers est présent et répond à l'appel de
l'esprit. L'homme se regarde. Il est vide, non pas de tout,
mais de cela qui, lui manquant, lui paraît seul valable.
Il n'est question ni d'amour sensible, ni de regards, ni de
posséder un corps, de le tenir dans ses bras. « Ah ! dit
Goethe, qu'une seule fois je déborde de toi, Etre éternel !
Ah ! cette douleur si profonde qui dure sans fin sur la
terre ! » Inexplicablement, au désir la souffrance est
liée. « Attends, bientôt tu reposeras, toi aussi » ; avant
le repos, quelle orgie de désespoir. Il faut à l'homme
l'éternel amour, rien de moins ! Il ne baisse pas les yeux,
mais va directement à l'objet aimé, dans l'espoir de se
perdre en lui. On dirait qu'un maléfice l'habite. S'il
s'unit, ce sera pour mourir. L'éternel féminin consomme
la mort. « Zu höherer Begattung » - cette perfection se
paie cher. L'amant du désir périra par le feu. Goethe
ajoute : « Aussi longtemps que tu n'as pas cela qui
s'appelle : Meurs et renais, tu n'es qu'un hôte ivre sur
la sombre terre ». Comme le désir, ces vers sont vagues
et disent tout. Qu'est-ce à dire, tout ? Rien, peut-être,
sinon que le texte porte à rêver, à se perdre dans l'infini
des possibles. Cependant, comme le papillon, l'homme
tourne autour de la flamme, se rapproche, entend la

chaleur qui grésille. Soudain hop ! il est allé trop loin,
ou juste assez, et prend feu. Le destin, enfin, a agi.
Cocteau a dit qu'il fallait savoir jusqu'où aller trop loin.
Tout dépend qui on est. Qui suis-je ? À quelle partie de
moi-même répond mon désir ? Quelle voix en moi a parlé
la première ? Goethe toujours : « Ne sentez-vous pas, à
mes vers, que je suis un et deux à la fois ? » L'homme
qui n'est que lui-même n'aura qu'un désir. Quel ennui !
Il deviendra Staline ou Hitler et fera périr les êtres de
mille désirs. Ce sera sa revanche. L'homme multiple vivra
selon le désir infini et son sourire sera celui du Bouddha.

Les plus beaux désirs sont ceux qu'on domine, ou
qu'on dompte. Combattre est ce désir, avec la Jérusalem
céleste, le Paris des enfances étrangères (celui de Rubén
Darío), ce qui est loin, qu'on est pressé d'atteindre, qui
échappe. Le jeune Indien rêvait ainsi d'Oxford, autrefois. Tagore a connu l'Angleterre. Son désir l'a soutenu.
Peu importe que la Jérusalem des songes soit un lieu
sordide ou que l'Angleterre de la jeunesse de Forster ait
été mortelle d'ennui pour quiconque n'était pas hypocrite. Le mythe seul importe. Je constate que le désir a
disparu autour de moi. Mes neveux souhaitent-ils obtenir quelque chose, on le leur donne, dans l'indifférence,
qu'on a baptisée amour. Il faut reconnaître que l'idéal
des jeunes gens a singulièrement rapetissé. On leur enseigne, à l'aide de la télévision, à ne désirer que des niaise-
ries : des patins et un hockey d'une certaine sorte, un
bridge dentaire comme celui d'une vedette de la glace,
l'emprunt d'une voiture qui permette, sous prétexte de
cinéma en plein air, de se coller à sa petite amie et
d'entrer en transes. Les écoles, à chaque niveau, apprennent de mieux en mieux à ne pas lire. La prochaine
génération de Québécois sera analphabète sans le savoir,

ce qui permettra à une nouvelle élite de prendre le pouvoir et de durer. Les images remplaceront les livres, images qui sont des affiches publicitaires. La mère de Villon, faisant le tour de son église, trouvait, à chaque pas, un vitrail rassurant. « L'Enfer existe, pour les méchants. Vous êtes bonne, vous aimez Jésus. Le Ciel s'ouvrira pour vous. » Les désirs de cette brave femme deviennent de merveilleuses réalités. Tout est donc possible ? Non seulement le ciel existe, il est ouvert ! Ainsi Sydney et Béatrice Webb croyaient au paradis soviétique. Mes petits neveux, admirablement encadrés - parti unique, syndicat, dictature démocratique - n'auront que les désirs qu'il faut pour être heureux. Aucune poule ne porte au-delà de la basse-cour ses yeux de myope. Ce sera la société du parfait ennui. Seul un homme, faisant la queue, comme tous les autres, en silence, le sourire aux lèvres, regardera, par-delà ses semblables, vers le ciel toujours le même, et, dans son for intérieur, versera des larmes. Au Nord-Vietnam, sous la dictature de Ho Chi-Minh, les dirigeants filaient, dans des voitures noires aux rideaux gris tirés. Les Vietnamiens les regardaient passer. Jamais je n'ai vu de tels regards, chargés de désespoir et de honte. Il est vrai que je ne connais ni la Russie de Brejnev, ni la Hongrie de Kadar, ni la Roumanie de Ceausescu, ni l'Albanie d'Enver Hodja, ni Cuba sous Castro, ni la Chine de Mao. Chaque jour, les journaux les plus bourgeois nous apprennent que ces peuples colonisés sont heureux. Ils sont ce que nous serons. En mourant, Madame Roland, qui était sotte et méchante, a eu un mot où passait ce qui restait de coeur à son génie. Je ne le répéterai pas. Il est trop atroce. Il fait trop mal.

Je parle du coeur de Manon Roland. Et le mien ? Que souhaite-t-il ? Je sais ce que recherche mon intel-

ligence. C'est la clarté en toutes choses, un ordre imma-
tériel qui la satisfasse. Pluton n'est jamais loin, ni le
nombre, ni le mystère raisonnable du tarot. Une réponse,
rien qu'une, quelle que soit la question. Pour le coeur,
je veux débusquer le désir comme, au cours d'une pièce
de musique, le passage du majeur au mineur. Aimer ? A
mesure que je vieillis, j'aime moins et plus à la fois. Ceux
que j'aime sont moins nombreux. Hommes et femmes,
autrefois troupe innombrable, selon les passions, surtout
selon cette passion par excellence qui est le besoin d'appri-
voiser le hasard, se font rares. Je ne sors plus, comme
autrefois à Paris ou à Munich, en quête de caresses.
Errances de la nuit lorsque dort la ville. Comme tous les
noctambules, les rivières m'attiraient, ainsi que les jardins
et leurs abords. Je me souviens d'une nuit de novembre,
à Munich, en 1952, où une femme et son compagnon
m'entraînèrent dans un petit appartement. Je riais, nous
riions. J'avais un peu d'argent, eux une science que des
siècles de civilisation des marches avaient affinée. Nous
nous aimâmes dans cette petite chambre que parfuma
notre volupté triadique. Minuscule bacchanale que je
rapporte parce que mon âme, pour la première fois,
exulta dans l'indifférence au mal. Mon bonheur était à
la hauteur du désir qui m'avait conduit vers ce couple.
Je leur laissai une bonne partie de la mensualité d'une
bourse Adenauer et ne l'ai jamais regretté. Au contraire.
Sans avoir jamais voulu redevenir un chaînon dans ce
collier, je m'en souviens lorsque, seul, je regarde passer
les heures dans leur accompagnement d'écritures. Ces
aveux n'intéresseront personne que moi-même. Je me
délivre d'eux, pour le plaisir de l'allègement, comme une
montgolfière qui s'élève jusqu'aux nuages et disparaît
dans le vent.

Que désire-t-on, vieux ? La jeunesse. Revivre. A cent ans (je compte devenir le doyen des nonagénaires) je croirai en la métempsycose. Renaître, se retrouver fleur ou femme, dans un siècle du passé, voilà qui ne manquerait pas de piquant ! Se retrouver Marquise de Pompadour, phtisique, après avoir été, deux siècles plus tard, écrivain montréalais. L'histoire, qui transcende passé et avenir, nous réserve peut-être de ces surprises. N'est-ce pas le désir suprême que d'arrêter le temps ? Josué l'a pu, pourquoi pas moi ? Lorsque je sors dans la rue, je ne vois plus que des hommes vieillissants (ils ont mon âge) ou des jeunes gens, que j'envie et plains tour à tour. Pourquoi, après trente ans, ai-je continué à me flétrir (verbe baudelairien) : Jeune, mes désirs se situaient dans un avenir qui, à l'usage, s'est révélé impossible. Homme mûr, ils se projettent de plus en plus dans un passé d'imagination, qui serait aussi un avenir. La roue tourne à vide dans le vide. C'est que mon sang s'épuise. Il coule et ne revient qu'en partie. La vie, ce cancer de chaque instant. Mon sang devient cette encre.

Exil

L'EXIL, C'EST LA VIE, c'est être ici alors qu'on souhaite être là, c'est un visage qu'on aime et qui est loin, c'est l'ailleurs toujours le plus beau ! Un ami m'écrit de Rome. Il dit son malheur : « Moi qui avais tellement désiré vivre ici... » On vit où on peut. Il faut apprendre à se contenter de son arpent de neige. C'est la leçon de *Candide* et de *Rasselas*. Candide, en dépit de tout, ne sera jamais content. Il a trop appris à triompher du sort, gros malin, à se moquer de lui. Rasselas accepte d'être Cafre. Ce n'est pas rien. Plût au ciel que les chefs nègres d'aujourd'hui l'imitassent ! Est-ce un mal moderne ? Nous ne sommes jamais contents. Tout devient source d'exil et l'Orient recouvre le monde entier de son désert.

Le fait est qu'on n'est bien que chez soi. Dante, qui aimait chez lui les marches de son escalier, et jusqu'aux craquelures, regardait avec épouvante celui d'un autre. Il le gravit. La jambe, déjà, lui pesait. La rampe, à laquelle on s'agrippe ! Comme cela est dur. Chez soi, toutes portes fermées, c'est la paix. Achille lui-même ne saurait la troubler. Par les fenêtres du salon, la lumière entre et le calme est rieur. Les couleurs se répondent. Borduas côtoie Pellan, une aquarelle japonaise fait voir un paon qui se déploie et qu'entourent d'autres paons ; un mur est recouvert des gravures qu'a faites Chapront pour *Là-bas*. L'édition se vendait chez Blaizot, ami de Léautaud, tous deux stendhaliens de la première heure. Des livres, des lampes, des fleurs. Une maison. Arrachez l'homme à cet intérieur, il devra descendre en lui-même

pour se ressaisir, là où le soleil n'a pas encore pénétré.
Il devra oublier son premier séjour. Le lieu de l'exil
n'est pas celui qui vous est échu. C'est celui que vous
avez quitté. L'exil de Chateaubriand ou de Madame de
Staël, ce n'est ni Londres ni Coppet, mais Paris. L'exil
est une aspiration. Le passé devient cette heure disparue
que l'homme veut faire revivre à tout prix. Il n'y par-
vient pas et il meurt.

L'homme qui, arraché à ses objets familiers, descend
dans son coeur et y trouve une force à lui inconnue, a
vaincu l'exil. Peut-être ne retournera-t-il jamais chez-
lui, s'étant conquis un nouveau domaine. Le pays par
excellence de l'exil, c'est la Russie. Il y a ces millions de
Russes qui ont vécu sur la terre des Tsars blancs et rou-
ges, masse tremblotante et ivre. On les voit qui servent
leurs maîtres dans les auberges de Dostoïevski, ou qui
entourent leurs calèches. A Saint-Pétersbourg, ils dorment sur les ponts. Race de moujiks et de fonctionnaires,
qui préfigure le sort de l'humanité. Nous y venons.
Nos princes nous apprennent, peu à peu, à n'accepter de vivre que par l'Etat. Bientôt, nous serons les
serviteurs de l'Etat, abrutis et bavant d'alcool les jours
de fête. Quelques condottières auront le pouvoir et nous
mèneront tambour battant à coups de firmans. A quoi
aura-t-il servi d'aller à l'école ? On se rendra compte,
trop tard, que l'enseignement obligatoire et généralisé
n'était que la forme parfaite du régiment. Dans les
écoles, on n'enseigne rien, sinon le respect des habitudes d'obéissance. L'enfant n'a qu'un devoir, c'est d'être
présent, et à l'heure. Méthode qui forme les élites et
abrutit les masses. Chez les Russes d'autrefois, le knout ;
chez tous aujourd'hui, l'alphabet. Tous fonctionnaires,
sachant lire ce qu'il faut pour être tenus de connaître

le style des rescrits, nous marcherons droit dans les sentiers de la production. Exilés, tous. Certains, Dieu soit loué, se dresseront, hurleront leur désespoir. La police viendra, ils la suivront dans le silence d'un immeuble qui ne veut rien entendre, ils mourront. H. G. Wells et Soljenitsyne ont décrit ce mécanisme. L'un rêvait ce que l'autre a vécu. Le goulag repose sur la civilisation des couloirs souterrains, symbole de l'âme. Est-ce vrai ? Certains réussiront-ils à échapper au Staline qui désormais, à chaque génération, fera partie de nos moeurs, cynique, le sourire aux lèvres, moustachu, génie, Père fouettard ?

N'est-ce pas que ce sera un beau « triomphe de la civilisation » ? Lorsqu'en ce moment, je parle d'exil, il est question de rêve, de cet exil qui naît de l'imagination. Je suis B. Constant sur les routes d'Europe, qui lui-même suivait Germaine. Je marche avec Dostoïevski sur celles qui mènent à la Sibérie ; ces routes, je les connais bien depuis que Soljenitsyne en a tracé l'immense delta. Du véritable exil, je ne sais rien. Ou si peu. Autrefois, étudiant à Paris, alors que j'habitais rue du Cherche-Midi, au moment de Noël, je m'éveillais soudain, la mort au creux de l'âme, avec une envie folle de partir. Bien sûr, j'étais allé à Saint-Eustache, entendre je ne sais trop quelle messe, avec grandes orgues et trompettes sonores. J'avais festoyé avec des amis, ou bien j'avais dansé à la Maison canadienne. Je ne m'en éveillais pas moins, en pleine nuit, le coeur gros. Au fond de ma pensée, je revoyais Noël dans ma famille. Au milieu de nous tous, l'ombre de maman. D'elle, j'ai tout oublié : le visage, l'allure, le timbre et jusqu'à son regard. Il ne me revient plus que la qualité fraîche de la peau de son bras, que j'aimais embrasser, enfant. A Paris, je m'éveillais en dé-

cembre afin de penser à elle, de chercher ses traits dans
la nuit. Pourquoi ai-je tout oublié ? Personne n'est plus
présent dans mes rêves. L'exil du vieil enfant, c'est d'être
au loin. En Tunisie, l'été, je me tourne vers l'ouest, là
où sont mes attaches. Mon esprit enjambe la géographie.
Exil ? Non. Le moment venu, je boucle ma valise, pars,
les clés de ma maison dans ma poche. En quittant la mer,
je salue une dernière fois ouvriers, domestiques, amis.
Je reviendrai. Entre deux pôles, s'étend mon univers, fait
d'amitiés et de rêves. De quelques tristesses que j'aime
me couvrir, le rêve est le plus fort. Un rêve articulé
par le langage, voilà ma patrie. Dans ces terres, il y a
peu de place pour l'exil. Là où je vais, je me retrouve,
sous mes masques.

Quelle déception lorsqu'un homme a tout misé sur
une idée ou une cause et qu'elle le trahit. Ne serait-ce
pas là le vrai exil ? Hippolyte aime Aricie. Ses aveux
nous touchent. La noblesse et la jeunesse font vibrer les
vers. « Portant partout le trait dont je suis déchiré »,
dit-il à la Princesse. On voit l'image, elle est vraie, c'est
celle d'un guerrier. Heureusement pour lui, Hippolyte
meurt. L'océan se venge. Racine y prépare son lecteur :
« Je ne me souviens plus des leçons de Neptune », avoue
Hippolyte. Le maître punira son élève. Finie l'école
buissonnière ! les courses dans les forêts, le rêve voluptueux, étendu à l'ombre des cyprès, les gémissements du
désir, tout ce qui fait le jeune homme amoureux a disparu, emporté au fond de la mer par un monstre inconnu.
L'énigme d'Hippolyte reste. Et s'il avait épousé Aricie ?
(Moreno, en Aricie, faisait pleurer Léautaud. Nous sommes à mille lieues des lettres à Colette. Le vieux La
Pérouse a raison lorsqu'il dit à Edouard : « Si l'on pouvait recouvrer l'intransigeance de la jeunesse, ce dont on

s'indignerait le plus c'est de ce qu'on est devenu.») Hippolyte est maître des campagnes de Crète, Trézène à ses ordres, mort le fils de Phèdre, assassiné, («J'ai sur lui de véritables droits, proclame Hippolyte, que je saurais sauver du caprice des lois» - voilà qui en dit long sur la mort prématurée de son demi-frère.) Aricie règne, elle, à Athènes. Il ne peut se faire que la lutte ne s'engage pas entre les époux. Commence le véritable exil d'Hippolyte, qui est la lutte à mort entre l'idéal et la réalité. La roublarde Aricie (en témoigne sa réplique à Hippolyte qui lui demande si elle l'aime) l'emportera-t-elle sur le fougueux amant? Après les effusions, le pouvoir devient l'objet premier du désir. Il vaut mieux qu'Hippolyte meure jeune. Un Thésée idéaliste, quelle proie merveilleuse pour le malheur et les femmes!

Autre victime de l'exil-trahison : Chamfort. Lui a vécu le désespoir qu'Hippolyte a évité de justesse. Aimé, incisif, brillant, passionné d'amour physique. Chamfort méprisait un monde qu'il ne pouvait quitter. Le dix-huitième siècle n'a produit qu'un grand écrivain français : c'est lui. Les autres, Montesquieu, Rousseau, Diderot ennuient. On ne les lit que par amour de la langue. Au fil des jours, c'est peu. Chamfort est le seul (avec Voltaire, bien surfait) que l'on puisse comparer, pour l'intérêt de chaque instant, et la vie, à Johnson. Les mémoires de Gorani valent Diderot. Les Encyclopédistes, n'en parlons pas. Tout cela est illisible. S'il n'a pas donné d'écrivains, le dix-huitième siècle a créé un art de vivre. On peut le voir s'amuser, dans les gravures et chez les peintres, le thé chez le Prince de Conti, au Temple, le café du matin chez Mme Geoffrin, rue Saint-Honoré, un bal à Versailles. Il y avait là, semble-t-il, une façon d'être simple qu'on n'a pas égalée. Chamfort, fils naturel

et beau, n'a rien laissé passer des petits riens que lui offrait
la vie. Il en a fait la matière de ses notes. Cruel portrait
de l'homme. Moins encore que celui qu'il trace de
lui-même dans sa vie. Il méprisait ses amis, certes ; devait-
il les trahir ? Aucun d'entre eux ne le soupçonnait d'être
républicain. Il l'était, lui, lecteur des tantes du Roi. Sans
crier gare, le voilà révolutionnaire. Non pas l'un des
sanguinaires, mais « patriote » et brûlant jusqu'aux autels
de ce qu'il avait adoré. Fausseté native du caraetère ?
Qui sait ? Il trahit l'aristocratie, neveu de Mme du Deffand ; la révolution lui donna la réplique. Comment ne
pas voir en lui l'ancêtre de nos gauchistes ? Ils veulent
changer le monde, à condition que les événements leur
obéissent. Chamfort a vu sombrer la noblesse bourgeoise
et la bourgeoisie des tabellions porter haut. Les avocats
ne voient pas le sang couler. Qu'il coule ! disait Robespierre. Vous allez trop loin ! criait Chamfort. Et de
faire de l'esprit. Le couperet n'entend pas à rire. Chamfort, plutôt que d'y passer, se suicida. Il avait, en trois
ans, vécu l'exil de l'existence. Il s'était trahi lui-même
en jouant les marquis de cour ; il avait trahi son monde,
et son idéal l'a trahi. Ce sont les hommes, qu'il a moqués,
qui ont fait la Révolution Française. Sinon eux, leurs
pareils. C'est ce qu'on appelle une leçon de choses. Chamfort, naïf et cynique, en fit les frais.

L'essentiel exil, c'est d'être loin de soi, de refuser en
soi ce que le destin, le hasard, la volonté des siècles, y a
mis. Les hommes et les femmes, perdus dans la foule qu'ils
composent, se voient et se connaissent en fonction du
troupeau. Mais nous qui, pour une raison inconnue, avons
appris la leçon : « Vous êtes autres ! » - nous, que devons-
nous faire ? sinon dire oui, nous incliner devant ce qui
nous distingue du commun, être, dans la plénitude des

contraires, cet homme ou cette femme qui joue du piano, écrit des vers, contemple les théories à l'infini des étoiles, gouverne des peuples. J'écoutais, il y a peu, la *Sonate en la* de Fauré. Dès les premières modulations, une voix se fait entendre, qui dit ce qu'à nul autre il aura été demandé de concevoir. L'ennui, c'est que cette voix ne s'affirme que par la recherche, au fond de soi, de l'acceptation totale de ce qu'on est. On rejette la volonté, pourtant si naturelle, de la banalité : être banal, être l'un de ceux-là, quelle joie ! Fauré n'avait qu'à paraître. Il n'était que lui-même. Les argousins soviétiques l'eussent immédiatement reconnu, dans la longue file des semblables : au poteau ! Seul au milieu des autres, c'est la rançon du regard qui parle. Le soleil brille de la même façon sur tous les hommes. Tous ne le voient pas des mêmes yeux. Plus l'homme se rapproche de ce qui, au fond de son coeur, est lui-même, plus il ressent la force de son exil. Se connaître, c'est apprendre son malheur. Certains s'arrêtent là. D'autres, dont hélas ! je suis, ressemblent à s'y méprendre à la femme de Barbe-Bleue. Ils vont toujours plus loin. Ils se voient. D'abord, croient-ils, ils sont des monstres. Peu à peu, le jugement du vrai l'emporte. Ils sont comme tous, à cette nuance près qu'ils le savent. L'extrême de la personnalité, c'est Saint-Jean de la Croix ou Wilde, dans la prison, retrouvant les accents, dans la pureté du mot, de tout un chacun. Jedermann, c'est moi. Je sais que je suis l'un d'eux. C'est encore trop. L'exil est là, qui, au milieu des autres, me guettera toujours.

Fenêtre

LA FENÊTRE EST UN MYSTÈRE. Elle permet au regard de dominer l'espace et de franchir les murs. Par les yeux l'homme devient libre. Verlaine, dans sa prison, s'émerveille à la vue d'un pan de ciel par-dessus le toit. Qu'un arbre vienne s'ajouter à ce décor, le poète peut se créer l'illusion d'une liberté autre. La fenêtre est aussi arme passive. Ce paysage qui vient à vous, pourquoi le conquérir ? Il est là, à portée d'iris, dans la froidure et le vent, sous l'ardeur du soleil. Le voir, c'est le posséder. Où sont les possibles ? De ma fenêtre, je vois la mer, ou la forêt, immédiates. Elles se déroulent jusqu'à moi. Sans bouger, ne les ai-je pas conquises ? Un vieil empereur reçoit l'hommage des tribus que des généraux jeunes ont réduites à quia. Le jour viendra où l'un de ces héros tuera le prince, s'asseoira solidement sur le trône, et verra à son tour venir vers lui le monde.

En réalité, la fenêtre, c'est la vitre. Non plus les volets, ni le papier huilé, ni le verre à peine dépoli ; la vitre claire qui crée l'illusion de l'oeil illimité. Dehors, la vie va son train. Les voitures circulent, les chiens courent, reniflent dans l'herbe, le mouvement de la vie pénètre dans la maison. L'homme moderne vit deux fois, sa vie et celle de son regard. En sorte que, la symbiose agissant, il ne vit plus qu'à peine. Son imagination, toujours en éveil, s'agite dans un espace qui donne l'illusion de l'infini. La vitre, qui lui permet de voir, lui impose un champ clos où parsemer les actes de chaque jour. A son bureau, l'homme lève la tête, regarde. La fenêtre lui offre un spectacle, toujours le même. En voiture, le paysage défile.

Les images se présentent comme une succession d'éclairs
dont le défilé finira par susciter l'ennui. On regarde à
peine, de préférence le liséré de la route, alors qu'à droite
et à gauche, le monde file vers le néant.

Quelle ne fut pas ma surprise, à Amsterdam, de
constater qu'on pouvait, de la rue, voir l'intérieur d'un
rez-de-chaussée : salles de séjour et de repas, cuisine, un
bout de jardin. Dans ce décor ouvert, en forme de
boyau, les gens vaquent à leurs affaires, sans se soucier
des passants. Une femme coud, une autre arrose ses plan-
tes. Qu'est-ce à dire ? Toute vie secrète est abolie. Bien
sûr, à l'étage, passions et désirs retrouvent leur violence.
Pour y échapper, l'homme ou la femme se précipitera à
la fenêtre, entr'ouvrira le rideau et regardera l'eau du
canal. Dès que, par l'escalier, on redescend au niveau
de la rue, c'est le calme, le sourire tendre de la peinture
hollandaise, l'automatisme des gestes qui se répètent à
l'usage des passants. Une seconde nature se fait jour, en
fonction de la vitre. Les Hollandais vivent sous l'oeil
des autres, comme si l'Autre n'existait pas. On raconte
d'Henri Bourassa que, ramenant un soir des amis chez
lui, ceux-ci s'étonnèrent, devant la maison éclairée, de
constater que les fenêtres n'y avaient pas de rideaux.
C'est que je n'ai rien à cacher, de répondre le tribun.
Mais il a bien caché son âme. Ainsi, les Hollandais, dans
un décor ouvert, ne cachent qu'eux-mêmes, disparaissant
derrière le rideau des gestes qu'on attend d'eux. Le condamné lave son broc, nettoie sa cellule. Par le guichet,
un oeil le regarde. Ici, pas besoin de vitre. L'espace, enfin, est prisonnier.

Héliodore : Et la vitre miroir ? Hier, sous prétexte de
        regarder par la fenêtre, ne vous ai-je pas
        surpris vous épiant vous-même ?

Sosthène: En effet. Le spectacle de la rue, à peine l'avais-je reconnu, m'indifférait. Je me mis à réfléchir, une seconde, à cette indifférence. Au cours de cet exercice, mon oeil rencontra mon regard dans la vitre et, aussitôt après, le vôtre.

Héliodore: Vous aviez l'air pensif.

Sosthène: C'est la surprise de se surprendre qui donne cet air étonné. On se voit comme pour la première fois.

Héliodore: Le miroir me fait me replier sur moi-même, l'étonnement en moins. Je me regarde afin de suivre l'agonie d'un furoncle ou de peigner un quelconque cheveu. Si je vois mes yeux, nulle surprise. Il est normal qu'ils figurent dans la géographie de mon visage. Le reflet est ici comme figé, l'atonie mallarméenne naturelle, je me vois parce que je veux me voir, dans une surface objective et glacée.

Sosthène: Le miroir parfait, c'est la vitre. J'ai horreur des miroirs modernes, qui sont ce que vous dites, comme une somme mathématique qui brille de s'étaler. La patine seule, avec la douceur terne, les rend humains. Ils vibrent, créent l'illusion de la surprise. Les zones d'ombre que forme le tain figurent des archipels ignorés auxquels la lumière ajoute vie. Nous sommes, je le reconnais, dans l'univers du mensonge. Nous y sommes en plein, comme si nous jouions un jeu politique ! Le miroir se veut vitre pétrifiée. La vitre, elle, ne reflète qu'à demi, mais chaque demie a son côté. Vous la traversez pour contempler des feuilles qui poussent et c'est votre image qu'elle vous renvoie. Les deux battants se répondent.

Héliodore : Voilà le comble du narcissisme, de l'anthropocentrisme, de tous les « ismes »... voyez avec quelle franchise je m'avance vers le miroir. A vous, il faut mille détours. Vous ne vous regardez dans une glace que pour vous raser, et encore, me dites-vous, vous pensez à autre chose. Dès que paraît une fenêtre, vous vous jetez sur elle. On pense que c'est pour admirer, rideaux ouverts, le paysage. Pas du tout ! c'est afin d'y retrouver votre visage.

Sosthène : N'y allez-vous pas un peu fort ? Ce n'est quand même pas moi qui ai inventé la vitre ! Je vais vers elle parce qu'elle crée, entre mon regard et l'univers du dehors, une barrière dont le propre est d'être franchissable. Souvenez-vous du voyage que vous fîtes, sous les Alpes, depuis la Savoie, pour vous rendre à Turin : ce long tunnel où wagons et voitures se brinquebalaient dans le noir. Soudain, on débouche sur la lumière des montagnes avec, au loin, invisibles et présents, Turin et son château, ses collines ombragées à la Stendhal. La vitre est ce tunnel, mais réduit à l'infinitésimal et en clair. Me suis-je fait comprendre ?

Héliodore : Pas tout à fait. La vitre doit-elle, à chaque
instant, nous révéler l'inconnu, des capitales,
un mirifique paysage ? N'est-ce pas trop lui
demander ? Ouvrir une porte a aussi ses
charmes. Vous surprenez une femme qui lit,
un enfant qui s'amuse, un père qui dessine.
Ce spectacle vaut bien Turin. Chaque geste,
chaque attitude révèlent l'homme en son entier, si on veut bien y regarder d'un peu
près. Vous privilégiez ce que vous aimez,
la fenêtre d'abord puisqu'elle permet de vous
voir en elle, sous prétexte d'admirer autre
chose. Votre égoïsme ne cessera jamais de
m'étonner.

Sosthène : Etonnez-vous, mon cher. Vous faites mon
procès, vous m'emprisonnez, pour me juger,
dans une cage de verre. Vous me voyez, je
vous vois, le monde autour de moi m'est
clair comme le jour. Tout ceci, vous, moi,
les autres, dans la clarté, sont insaisissables,
pis encore, intouchables. La vitre ne serait-
elle pas le moyen par excellence de torturer
l'âme ? Que la racaille des criminels soit mise
à l'ombre. Les vrais coupables, eux, qu'on
les enferme dans le verre. Errant d'un mur
à l'autre, au sein d'une totale transparence,
au creux d'une lumière sans issue, ils se re-
tourneront enfin sur eux-mêmes et pleure-
ront sur leur ombre durcie.

Gant

LE GANT, IMAGE DE LA MAIN, articulé comme elle, qui s'ouvre et se referme, pitoyables doigts de tissu. Un film d'autrefois me revient à l'esprit. J'avais douze ans, treize peut-être. Nous nous retrouvions le dimanche soir, après la prière, dans le réfectoire, les tables empilées dans un coin. L'écran était petit, le projecteur, bruyant, couvrait souvent le bruit des voix. On nous présentait des films français d'avant guerre. Celui-ci était *Sans Famille*, d'Hector Malot. Sur les canaux, des chevaux tiraient une péniche à pas lents. A la fin du film, Ninon Vallin paraissait, femme encore jeune, vêtue de sombre. Elle chantait de sa voix claire et pure. Quoi ? L'ai-je jamais su ? Il ne me reste de sa présence qu'un geste. Ninon Vallin portait une robe à manches longues et flottantes. Avant d'ouvrir la bouche, face à l'auditoire qu'elle venait de franchir, sourire aux lèvres, sûre d'elle-même, dominant tout de la tête, elle enlevait ses gants. Ils étaient blancs, longs et souples. On eût dit que ses bras lançaient des éclairs jumeaux. Nous étions des collégiens frustes qui regardions à Sudbury les films rogatons de Brébeuf et de Sainte-Marie. Les gants de Ninon Vallin n'en fulgurèrent que plus, au milieu du réfectoire, dont la graisse se mêlait à celle des mâles abandonnés. Le film a pour ainsi dire disparu de ma mémoire. Etait-ce *Sans Famille ?* Peu importe. Ce qui me reste, c'est la salle, l'écran, le projecteur entre deux piliers, les odeurs épaisses et ces gants l'un et l'autre soudain arrachés, flasques. Ou était-ce le bras qu'on retirait du gant, comme une épée hors

de son fourreau ? Me trouvais-je, ignorant, devant un
symbole sexuel inversé ? Mon imagination ne se mit pas
en branle. Cette image entra en moi, glissa, se répandit
jusqu'à devenir partie intégrante et diffuse de moi-même.
Sans doute Ninon Vallin répondit-elle à l'appel du sexe.
Elle donnait à ces hommes chastes la leçon du glaive.
C'est pourquoi son geste suscita le silence chez les anciens,
des rires étouffés chez les plus jeunes. Pour moi, dans la
prescience de mes douze ans, je rêvai.

J'aime les gants souples, printemps et automne,
fourrés, l'hiver. A Paris, j'arrête volontiers, avenue de
l'Opéra, aux gants Perrin. Je regarde, je palpe, j'engage
une conversation avec les formes et les peaux. Toujours
les cinq doigts, qu'il s'agit de recouvrir sans les gêner
aux entournures, ni dans le mouvement. Longtemps, j'ai
admiré les messieurs qui portaient gants de beurre frais.
Je les trouvais dignes et vieux. Celui qui m'imposait le
plus s'appelait René Ristelhueber. Diplomate, il fut, lorsqu'éclata la guerre, surpris à Ottawa, ministre de France.
A l'époque, cette ambassade n'avait aucun éclat. René
Ristelhueber était devenu l'ami de W.L. Mackenzie King,
Premier ministre. Fidèle au Quai d'Orsay, il devient
Ministre de Vichy, où Pierre Dupuy était Ministre du
Canada. De Gaulle commençait à peine à placer ses
pions. A la fin de la guerre, le représentant du Maré-
chal Pétain perdit tout. Francisque Gay, avec sa barbiche
et ses éclats de journaliste à la pige, le remplaça, quel
contraste ! Mackenzie King refusa de livrer son ami à la
vindicte des bureaux français. Ristelhueber n'avait sans
doute pas assez d'argent pour se dédouaner auprès du
parti communiste. Il resta donc au Canada et devint
professeur à l'Université de Montréal. Je l'y connus,
chapeau, gants, l'élégance native. Il avait vécu en Chine,

enfant, et en avait rapporté les méplats chinois. Toutes ses extrémités étaient couvertes : souliers fins, chapeau mou, gants. J'admirai aussitôt le mariage d'une intelligence, dont surprenaient l'étendue et la délicatesse, et d'une élégance complète. Je ne connais que Chou En-Lai qui ait atteint cette précision dans la forme. Plus tard, à l'Ambassade de Paris, je retrouvai M. Ristelhueber que je raccompagnai à son métro. Il avait conservé son allure, marchait tête haute, sanglé dans son manteau. Ses gants étaient gris.

Le sens du gant disparaît-il ? Peu à peu, nous avons pris l'habitude dès que le soleil daigne se pencher sur nous, d'aller pieds, tête et mains nus. Est-ce du débraillé ou un sain retour à la nature ? L'utilitaire l'a-t-il emporté sur les restes ? Tout se tient. La religion a, depuis un demi-siècle, failli à sa tâche. Certes, elle élevait vers le ciel quelques âmes. Mieux encore, elle imposait à l'humanité occidentale, par-delà la cruauté et la bassesse des hommes, une certaine idée de la forme, du comportement, de la rigueur. Racine et Boileau créent cette illusion suprême que leur art est facile. L'art facile de Paul Eluard a, lui aussi, une simple allure. C'est là que loge la différence. Une religion qui ahanne, des prêtres qui ne croient plus que Jésus est Dieu, comment ne pas abandonner ordre, préceptes et commandements ? Pourquoi celui qui ne s'impose aucune contrainte d'âme s'astreindrait-il à des usages qui ne touchent que l'habit ? Un certain équilibre disparaît, et le gant, symbole de rang, de tenue, a perdu sa raison d'être, avec le reste de notre civilisation. Il traîne, sur un comptoir, sans que personne songe même à le voler. Nous sommes loin de l'*Homme au gant*. Un inconnu. Un gentilhomme. Son gant est comme lui, détendu, fait des matières les plus

précieuses, peau et parfum. Il est ouvert aux jointures,
afin de permettre au poing de se fermer sur sa proie et
ne pas lâcher prise. Le regard de l'homme correspond
au gant, au poing qu'il recouvre, sévère et voluptueux.
On le voit qui arrive chez-lui, descend de cheval, se
dégante en marchant et jette ses gants à quelque page.
Geste qui en dit long sur une époque et la conception
que certains êtres privilégiés se faisaient d'eux-mêmes.
Quant au page, il court dans ses quartiers, jette à un
valet les gants de son maître. Le valet les refile à un
palefrenier qui les donne à un garçon d'écurie et ainsi
de suite jusqu'au cheval et à son box. Le lendemain, le
maître retrouve les gants et pose, les yeux droits, pour
le Titien. Ce gant, plus tard, il en frappera la joue d'un
rival. Duel. L'un mourra et les deux mains gantées,
celle du vainqueur et celle du mourant, s'ouvriront et se
refermeront ensemble, d'un même spasme de mort et de
repos.

Que deviennent nos gants ? On les jette, comme
plus tard on jettera notre dépouille. Ils vont pourrir
ailleurs. Ils vieillissent avant nous, se pétrifient, nous
annonçant ce que nous serons : doigts pliés, paume dure
et sèche, pointe des doigts calleuse. Parfois, en remuant
des caisses dans un grenier, on tombe sur une boîte. Le
papier est jauni où se terrent deux longs gants de femme,
de ceux que portait Ninon Vallin. On les regarde et
l'imagination invente des parfums. Au milieu de la poussière, comment ne pas rêver devant ce précieux butin
que la vague du temps dépose pour une heure sur le sable
sec de notre vie ? Ce furent des émois, ah ! ce gant
qu'on ne peut pas enfiler assez vite ! un bal, un jeune
homme timide, dans son costume neuf, l'étonnement des
premiers regards, où loge l'avenir. Ceci n'empêchera pas,

six mois plus tard, de placer les gants dans un coffret qui moisira au grenier. L'oubli recouvre la mémoire comme un gant la main. Ce qui restera ce sont des bouffées de souvenir qu'apporte l'âge mûr, que la vieillesse reprend. Il n'y a rien d'autre chez l'être humain que ce rythme qui va des yeux au coeur et à la main. Cette main vieillira. Le vieillard aveugle à qui on enlève ses cataractes pleure lorsqu'il revoit ses mains. Le gant, dans sa symbolique, recouvre et conserve la jeunesse éternelle. Comme tout le reste, il est mensonge.

Homme

AVANT D'ÉCRIRE UN MOT sur l'homme et sa condition, je devrais lire Montaigne, Pascal, Nietzsche. Je ne le ferai pas, pour la raison qu'après les avoir lus, je me tairais. Et mon propos est de ne pas me taire, de laisser ma sensibilité s'étaler, sans avoir recours à quiconque. Qu'est-ce que l'homme ? La Bible nous en donne l'image, créature inventée par un dieu irascible qui se cherchait une victime. Job est l'exemple de ce que nous sommes. Il accepte, courbe l'échine, s'enfonce dans son fumier. L'humiliation révèle sa puissance. C'est la morale juive. Peu importe l'abaissement pourvu qu'à la fin, la victime l'emporte, non pas sur son agresseur, mais aux yeux de ses semblables. Job redevient riche, plus puissant qu'il ne l'a été. Dieu reste le maître. Les amis sont médusés. Quel courage dans la détresse! quelle merveilleuse faculté d'adaptation ! A Dieu le ciel et ses colères, à l'homme ici-bas le pouvoir de l'argent, des chameaux et des brebis ! Le rapport est dans le coeur. Job a dans la poitrine sagesse, intelligence, amour. C'est là que brûle son feu intérieur. L'homme de la Bible est d'abord l'habitant de son propre coeur. Peu à peu, n'avons-nous pas changé ? L'intelligence s'est séparée du coeur. Nous avons appris à penser. L'histoire de l'humanité est devenue celle d'un long détachement amoureux. Satan est présent à chaque tournant de notre route. Son rôle est de nous aider à briser les chaînes de la passion. Il s'approche, sous les traits des anciens amis de Job, il est Caïphe, il parle directement à Jésus en qui il ne reconnaît pas son maî-

tre, il est ce cheval que Nietzsche embrassera à Turin,
Satan qui se présente au philosophe sous les traits du
Persécuté. L'homme est tout entier dans ce tiraillement :
se fondre en Dieu par l'humiliation, se détruire par l'envol
diabolique vers les sommets. « Esprit amoureux de son
propre esclavage », écrit Voltaire dans *Mahomet*. C'est
nous.

Nous naissons. « Abraham de Sainte-Claire relate
d'un nouveau-né (...) qu'il aperçut si crûment la misère du monde qu'il rentra dans le ventre de sa mère. »
Voilà ce que relate Kierkegaard dans son *Journal*, en
1837, (4 février) année de notre Rébellion. Ce monde
affreux, plus tard, nous refuserons de le quitter, par peur
de l'inconnu ou par habitude. L'homme se fait vite à la
noirceur qui l'entoure. Chacun n'a pas le courage - et
la prescience - de se réfugier dans le néant. L'instinct
sans doute est-il le plus fort, auquel répond le Prince du
Mal avec son regard de serpent endormeur. Kierkegaard
toujours, qui a subi passionnément les remous de la vie.
Je crois aussi que, dès l'enfance, la lutte est engagée, non
pas tant dans le sexe, que dans l'esprit, entre les appels
du haut et les soupirs du bas. La sexualité est adventice.
Ce ne sont pas des femmes que Satan, après l'y avoir
transporté, propose, du haut de sa montagne, à Jésus.
C'est un renversement des valeurs : que Satan soit dans
les airs et que Jésus niche dans les profondeurs, qui sont
l'Enfer. Au cours des âges, l'homme a fait le lit de Satan.
La transmutation des morales, au profit de la machine,
annonce le triomphe sur l'homme de la bêtise, donc du
mal absolu. Pour un instant. Un seul. L'univers chavi-
rera, rompu tout équilibre. Aux lois de l'âme répondront
celles de la physique et nous serons balayés jusqu'au plus
lointain astral. L'effort de pensée de tous les hommes a

eu pour but soit d'assurer l'harmonie de l'univers, soit de la détruire. En cette fin de vingtième siècle, après Marx, Freud, Staline, Hitler, Mao, il faut craindre pour l'avenir. Quelle concentration soudain, de monstres ! Signe ? Avons-nous atteint un point de saturation ? L'image que projettent ces hommes de l'homme, sous prétexte de lui permettre de s'épanouir, est celle d'un univers peuplé d'ignobles fourmis bipèdes qui errent, par masses coagulées, comme des taches de gras, entre d'innombrables tours de guet. Il n'y a plus de lumière dans le ciel, sinon l'électricité des réflecteurs qui sillonnent la terre. Au moindre slogan, les masses se mettent en mouvement, à droite, à gauche, devant, derrière. Elles répètent, c'est ce à quoi leur sert la parole. Parfois un grand portrait souriant s'illumine. Du régime de l'histoire, l'homme est passé à celui de l'anecdote. Nous sommes entrés dans la civilisation des habiles. Ils ne peuvent exercer leur art, qui est de s'infiltrer, que dans un univers qui a perdu son ossature. Pour leur complaire, l'humanité est devenue tachiste, retour à l'ectoplasme, disparition des arêtes. Sur la masse visqueuse se dressent Staline et Mao, qui rayonnent, l'un avec sa pipe, l'autre en maillot. Le surhomme de Frédéric Nietzsche, le voici ! Au moment où j'écris ceci, Staline est mort depuis près de vingt ans. Nous savons qu'il fut un monstre. Ses successeurs, sa fille elle-même, s'en portent garants. Mao ? Il est le nouveau Père des Peuples, c'est-à-dire le garde-chiourme essentiel symbolique. Il mourra demain. Monstre, lui aussi ? Saint radieux ?

Je m'attache à un certain profil de l'homme. C'est celui qu'a transmis la littérature. Il n'a pas varié depuis Homère. Nous puisons toujours à la source plutarquienne. La norme est celle du héros de Corneille en qui

Madame de Sévigné voyait un grand homme : chaleur, honneur, volonté d'aimer, jeunesse qui accepte de vieillir afin de mieux commander. Profil aristocratique. Oui. Est-ce mal ? A la cour des satrapes socialistes, je préfère celle de Louis XIV. Le pauvre est-il plus heureux s'il est enrégimenté, si, à l'aide des hauts-parleurs et de feuilles volantes, on l'envoie aux champs ? L'idée du bonheur n'est-elle pas elle-même une fiction de l'esprit aristocratique ? Faut-il se préoccuper des hommes ? A quoi servent-ils ? Ils ont tous une âme. Chacun peut-il faire entendre sa note ? Nous vivons tributaires des autres. Ce sont eux qui donnent son sens à notre vie. Ils nous soutiennent et nous avançons ; ou par esprit de contradiction, parce qu'ils nous attaquent, nous avançons contre eux. La nature humaine n'admet pas le recul, puisque chaque pas mène à la mort. Au coeur de la tristesse, du désespoir, l'homme aspire à autre chose. Nous le voyons dans les livres de Soljenitsyne. Humains ballottés, soumis aux pires sévices, ressemblant de plus en plus à un troupeau. Ils parlent cependant, racontent ce qu'ils sont devenus, souhaitent que l'avenir ressemble au passé aboli. Les maléfices les entourent comme une fumée. Ils savent que le moment de mourir est venu. Ils se découvrent hommes.

Ne serait-ce pas que l'homme sommeille ? Son rêve est de s'abstraire. Aussi longtemps qu'il a pu vivre seul, caché au fond des vallons, il l'a fait, il n'a pas été malheureux. Le jour est venu où il lui a fallu côtoyer l'autre, l'étranger, son semblable du dehors. Je ne crois pas que l'homme soit d'abord un être de communication (qu'on me pardonne ce néologisme). Il est fait pour s'ouvrir à lui-même et à ses entours. La hiérarchie de la vie veut que se trouvent, au milieu des autres, pour mieux les accorder à eux-mêmes, certains hommes faits pour exprimer le lot de tous. Les regards de l'humanité se tournent vers eux. Au cours du dernier siècle, le processus de sélection de cette élite a été accéléré au point qu'aujourd'hui quiconque le souhaite peut devenir, ou prétendre à devenir, le leader. La force historique du parti communiste est la suivante : seul, il a compris que la dynamique de la hiérarchie devait s'accommoder d'une sage lenteur. Dans les démocraties populaires, on s'empare du pouvoir, certes, mais à soixante-dix ans. Le nouveau satrape a gravi tous les échelons. La biographie officielle fait de lui l'ouvrier-type devenu cadre, secrétaire, ministre, secrétaire-général. Il n'y a aucun régime communiste où les maîtres ne gouvernent pas. Ce serait une grande consolation pour un homme comme moi si je ne souhaitais que mes semblables ne soient pas des esclaves. Hélas ! c'est un fait qui se répand comme une nappe d'huile. Le sommeil de la raison engendre des monstres. L'homme esclave végète, c'est un monstre ; nous, hommes d'Occident, esclaves des communications, ennemis du livre, nous nous sommes assoupis. Je regarde autour de moi dans l'autobus ou le métro. Les visages s'enfoncent dans la grisaille intérieure. A quoi pense-t-on alors que défile un paysage de briques et de goudron ? A rien, sans doute. L'oeil est morne. L'un ouvrira un journal. L'art des non-nouvelles s'y étale, la gauche conformiste répondant à la droite lénifiante. Autour de soi, des placards publicitaires. A quoi sert-il d'avoir appris à lire ? Pauvre Victor Hugo qui croyait que l'alphabet libérerait l'homme. Devant pareille naïveté, il faut sourire, comme Fantine édentée. Aux mains des manouvriers de la politique, les idéalistes sont une pâte. On la pétrit, elle lève quand on a besoin d'elle.

Dans son sommeil, l'homme est violence. Il se déchire, faute de se libérer. Sans doute pleure-t-il sur cette âme en lui qui aspire à voir le jour dans sa lumière. Sommes-nous différents des hommes des cavernes ? En 1969, je roulais sur les routes d'Allemagne. Le Rhin était partout, qui mène à la mer. Certains noms m'étaient connus : Teck, principauté minuscule, pays d'origine de la Reine Marie. Au bord de la route, une borne : Néanderthal. La vallée de la Néandre. Au quaternaire, des hommes vécurent ici, naquirent, mangèrent, firent la chasse et l'amour, regardèrent le soleil se lever, à son couchant, se battirent. Devant ce nom, je tremblai. Il me paraissait que de ces hommes à moi, rien ne menait, sinon un temps infini. Pourtant, nous aussi appartenons au quaternaire. Je suis de la même famille que ces brutes, brute moi-même en mes contemporains. Nulle époque n'a été aussi cruelle que la nôtre. A cette cruauté s'ajoute le raffinement d'une hypocrisie qui a appris à se donner raison. La vilenie fait la roue sur des monceaux de cadavres. Que dirait de Hitler et de Staline l'homme de Néanderthal ? Se reconnaîtrait-il en nous ? J'en doute. L'homme moderne a le don de baptiser de mots rares ses instincts les plus bas. Il parle d'angoisse, de nausée, d'aliénation, de solidarité. Ce sont ses mensonges, comme au Moyen Age on parlait d'honneur, de bienséance, de Dame, de chevalerie. Le Moyen Age, comme l'époque classique portaient des masques qui ennoblissaient. La dynamique de l'individu était encore la plus forte. L'homme ne se sentait pas écrasé par ses voisins. Quiconque a fréquenté le métro de Londres à cinq heures de l'après-midi saura ce que je veux dire. Les mots que nous employons pour nous définir tracent le portrait d'une société plutôt que celui d'un homme. Nous sommes devenus, non pas partie intégrante de notre milieu, mais ce milieu lui-même. Tenter de définir l'homme en 1975, c'est parler non plus d'un être de chair et d'os, mais d'une métastase sociale.

Pour moi, rien ne remplacera l'homme que je trouve dans Racine et Saint-Simon, le premier étant personnage du second. En présence d'une complexité indéchiffrable, on se demande ce qu'est un homme. Je réponds que l'homme est cette interrogation. Aucune réponse, tout est question. A chaque détour de la vie, le monde se présente à l'homme dans la tristesse et la violence. Chacun réagit selon son tempérament, le sourire aux lèvres, ou le front haut, ou la mort dans l'âme, ou en courbant l'échine. L'instinct l'emporte, ainsi que le hasard, partout présent. En cette fin de siècle, les conditions de vie changent du tout au tout. Des peuples riches deviendront pauvres. Moscou satellise l'homme. Que verrons-nous ? Je crois à la saturation idéologique. Le jour viendra, vite, où l'homme rejettera les maîtres qui le méprisent et se tournera vers le maître spirituel. Alors aura lieu la véritable révolution, dont les remous actuels ne sont que le miroir terne.

L'homme est le héros des causes perdues. La victoire est triste. Comment expliquer la grandeur de Chateaubriand, celle de Madame de Staël, en face de Napoléon, sinon par l'attirance de la défaite supportée avec hauteur ? Encore Napoléon est-il mort à Sainte-Hélène, alors que triomphait Chateaubriand misérablement, répétant les folies espagnoles ! Victoires d'autant plus tristes que l'autre, dans son île, mourait en donnant au reste de l'histoire du dix-neuvième siècle son tour dérisoire. Hélas ! nous sommes ainsi. Chateaubriand ne critique Napoléon que pour en devenir le singe. Ses

contemporains ne s'y sont pas trompés qui voyaient en lui
le Paganini des palinodies. Besoin plus profond, celui de
dépasser, une fois pour toutes, le modèle littéraire. Napoléon est moderne dans l'action, classique lorsqu'il dicte,
ou la plume à la main. Chateaubriand est moderne par
l'écriture et la sensibilité affective ; dans l'action, classique, sauf lorsque le dépit l'emporte. Napoléon et lui
recouvrent toutes les contradictions de la nature humaine. Ils forment l'homme complet. C'est un mariage
historique, Chateaubriand cherchant en Napoléon l'élé-
vation de son âme que rien ne pouvait remplir. Vieux,
il s'asseyait au soleil, caressait les enfants, refaisait la vie
de l'Autre.

Ironie

ON DIT DE L'IRONIE qu'elle est une arme dangereuse.
Laquelle ne l'est pas ? N'offrez pas un couteau à un
enfant. Il pourra tuer. L'ironie est un tour d'esprit. Elle
est fille aînée de la pudeur. Ni Montherlant n'est ironique, ni Léautaud. Ils sont tous deux, chacun à sa façon,
trop sérieux. Ils voient ce qui cloche dans le monde,
Montherlant pour souhaiter le redresser, Léautaud pour
se taper les cuisses et glousser afin de ne pas pleurer. Ils
espèrent, tous deux, que, malgré tout, l'homme se verra
tel qu'il est. L'ironiste a perdu cet espoir en naissant.
C'est Tallemant. Il regarde, il voit. Rien d'autre. Montherlant est superbe, comme le fut Bossuet. Il déclame
toujours un peu. Tallemant, jamais. Je souhaite que
paraisse un jour un écrivain qui ne note pas comme
exceptionnel, chez l'homme, le faux, mais le vrai. Tallemant lui-même part du principe que nos qualités l'emportent sur nos défauts. N'est-ce pas le contraire qui
est vrai ? La Rochefoucauld et Chamfort ont tenté de
replacer l'homme au centre de sa roue. Ils ont raté leur
coup, La Rochefoucauld à cause du jeu des formules,
Chamfort parce qu'il était méchant, donc porté à valoriser le bien. L'ironie a ses lois. Elle part du principe
que les humains ne peuvent souffrir la vérité. Le causeur ironique ne s'acharnera pas à convaincre. C'est
inutile, il le sait. Au lieu d'une boutade, il prendra le
contre-pied des certitudes courantes et développera sa
pensée à l'envers. Surtout, ne pas être illogique, rester
dans le ton, ne pas céder au persiflage. La victime n'est

pas sacrificielle. Elle doit rentrer chez elle, contente et
sûre d'elle-même, sans avoir senti les flèches. Dans l'escalier, soudain, elle se pose une question. S'est-on moqué
d'elle ? A-t-elle eu raison ? Ne l'aurait-elle donc pas
emporté ? La question jaillit, avec l'incertitude. Rien
qu'une fissure, ce qui n'est pas peu. Cette maison ne sera
plus jamais neuve.

C'était la méthode de Socrate. Elle a le désavantage
de ne nous faire voir les interlocuteurs du philosophe que
d'accord avec lui. S'ils protestent, on peut se dire que
c'est afin que la discussion aille plus vite vers le triomphe
de leur adversaire. Socrate a toujours raison. Quiconque
est de son avis devient un grand homme. A ses adversaires, il semble qu'il ne puisse errer. L'ironie est autre.
Elle veut situer. Elle est qualité d'histoire. C'est une
plaque photographique. Lisez-la correctement, donc à
l'envers, et vous y retrouverez la réalité qui se cache.
C'est pourquoi l'ironiste suscite aussitôt l'ennemi. Un
idiot ne saisit pas le mode ironique. Inutile de perdre son
temps à lui parler, sinon pour se faire la main. L'homme
intelligent, qui se sait par quelque côté vulnérable, est la
vraie proie. D'abord, pour les banderilles, quelques ré-
flexions, presque en aparté, pendant qu'il pérore. Avoir
l'air d'abonder dans son sens ; que tous les auditeurs le
croient ; que lui seul, non par une inflexion dans la voix,
mais par une nuance dans l'expression, devine insensiblement que son discours n'a pas fait que des dupes.
L'ironiste garde son calme. Il est serein dans la mesure
où il sait que tout est inutile, qu'il fait oeuvre d'art. Son
interlocuteur ne changera pas d'avis. Imagine-t-on Staline reconnaissant qu'il a tort ! Il en va de même de tous
les êtres, chacun à sa façon. L'ironiste qui joue bien le
jeu parlera à son tour. Il défendra des idées d'allure

irréfutable. Les auditeurs les partageront avec lui, à cette nuance près qu'ils ne seront jamais sûrs d'être parfaitement dans le vrai, ainsi qu'un homme à qui la tête tourne sait, quand même, qu'il a les pieds sur terre. Le doute, la question, le point d'interrogation.

Pour arriver à quoi ? A rien, sans doute, sinon, devant le spectacle de la bêtise humaine, à un certain recul intellectuel. J'ai constaté que peu de choses enthousiasment mes semblables comme l'intérêt personnel. Ils affectionnent l'action positive : gérer leurs affaires, accumuler l'argent, réussir, voilà qui les touche. Les sophistes triomphent, comme à l'époque de Socrate. Gorgias toujours vivant. La suprême ironie serait de vouloir changer les hommes, de les arracher à la gangue bien-aimée. L'humanité est la suprême ironiste. En dépit des réformateurs et des sages, elle continue son petit bonhomme de chemin, se regardant marcher en zigzag dans la tapisserie du temps. Le jeu de l'ironie lui convient, qui ne la dérange pas, qui, au contraire, souligne son immuabilité. Tout passe. Rien ne change. L'ironie accentue la permanence de ce néant. Les hommes sont des ombres. Par la moquerie, refuser de les transformer, qu'est-ce, sinon accepter qu'il en soit toujours ainsi ? Dernier rempart du réalisme, l'ironie initie l'homme à des pouvoirs et à des contraintes. Comme Aspasie, elle veut tout connaître, surtout le bizarre. Par son sourire, elle le suscite, par sa méthode elle l'affermit, par son détachement elle lui donne vie autonome.

Il y a une ivresse ironique. Alcibiade commandait à Socrate de vider une coupe énorme, pleine d'un vin potent. « Tu ne peux, ajoutait-il, être plus ivre que tu ne l'es d'habitude. » Il s'agissait de l'ivresse de l'intelligence. L'ironiste, dès qu'il exerce son métier (est-ce une passion ?) situe son intelligence au-dessus de celle des autres. Il se dresse comme un juge, dont il a la tristesse et la gaieté. Pour cette raison, il est rare qu'il soit un grand voyageur. S'il part, ce sera pour retrouver ailleurs une maison, reprendre ses habitudes, faire comme si de rien n'avait été. Un logis avec ses livres, un autre de même, sous un ciel plus clément, n'est-ce pas ce qu'il faut à un homme pour qui le bonheur parfait sera de changer son mal de place ? Chamfort aurait pu fuir. Il est resté. Il savait que cela n'avait aucune importance. La bêtise de ses ennemis aura été la plus forte. Il se suicide, reconnaît que les autres ont une importance, condamnant toute sa vie. On peut le lui reprocher. Ne serait-ce pas qu'il a réduit l'homme de son temps au rang de simple mécanique, d'instrument de mort ? Par une série d'inversions, qui coupent et recoupent l'événement, on peut faire que tout prenne le sens qu'on veut, donc que rien n'ait plus de sens. Ainsi atteint-on parfois la vérité.

Le détachement par l'ironie rend l'esprit heureux et subtil. Aussi, érigée en méthode, est-elle surtout le fait des peuples de soleil. L'ironie n'est pas le fort des Allemands, des Russes et des Norvégiens. Ils sont insensibles à ses fléchettes. L'ironiste, avec son sourire réservé, le bonheur et la subtilité de son âme, ne laisse pas d'être souvent volontaire. Il devient alors, si l'occasion se présente, l'ennemi sauvage des contraintes. Il ne croit à rien. Qu'il décide de faire tout comme s'il croyait à quelque chose, la liberté ou la justice par exemple, et la tyrannie ou le mensonge n'auront pas d'ennemi plus acharné. L'ironie en colère devient vite sarcasme. Elle pénètre (les fléchettes sont devenues des javelots), s'étend, détruit.

Un mot de Samuel Butler relève admirablement de l'esthétique ironiste. Il parle de « ces choses qui sonnent vraies et qui pourtant sont fausses. » Comment ne pas déceler ici le scepticisme de l'ironiste ? Tout ce qui éclate devient faux à ses yeux. Autant son esprit recherche le bizarre, autant lui déplaît la démesure, l'enflure, les affirmations brutales. C'est qu'en chaque chose, il voit son contraire. Une auditrice disait à Lloyd George que serait-elle sa femme, elle mettrait du poison dans son thé. « Et moi, madame, répondit-il, je serais votre mari, je le boirais ». La rebuffade logeait dans les propos mêmes de la dame, cachée mais désireuse de paraître. L'ironiste décèle la réponse au milieu d'affirmations qui sont des questions. Peut-être détient-il, à sa façon, une clé. En général, écoutez les hommes. Ils discourent de toutes choses sans savoir. Les politiques défendent des intérêts immédiats, les philosophes des idées qu'ils sont incapables de dépasser, et il n'y a plus de sages. En sorte que chacun y va de son couplet, s'affirmant mandataire de tous. Les idées ronflent depuis la Révolution Française et, pour connaître le destin de l'Occident moderne, qui a lu Saint-Just et Joseph de Maistre, a tout lu. Le rôle sacré de l'ironiste consiste à citer Maistre lorsque parle Saint-Just et Saint-Just lorsque Maistre parle.

La timidé de l'ironiste ! S'il n'interrompt pas vertement, s'il ne coupe pas la parole, les dents aiguës comme celles d'une couturière, c'est aussi qu'il est l'homme des murmures. Souvent, il aura l'esprit de l'escalier. L'ironie est plus facile, la plume à la main que les yeux dans les yeux. Un soupçon de lâcheté, peut-être ? La remarque ironique devient volontiers flèche de Parthe. On l'entend, et déjà l'homme d'esprit s'éloigne, les bras en l'air et hochant la tête. Il a dit son fait à l'autre, mais

ne poursuit pas. L'emporte-t-il, il ne saura pas profiter
de sa victime, nettoyer à fond, réduire à quia son adversaire. Affaire d'intelligence, encore. L'esprit subtil sait,
de science certaine, que rien de tout cela n'importe. Il
parlera, mais c'est pour terminer, le plus vite possible,
sur un à-quoi-bon ? symbolique. D'autres mèneront les
foules, les entraîneront là où elles doivent aller. Dans les
temps anciens, c'était à l'esclavage, avec Andromaque et
ses soeurs troyennes ; au Moyen Age, retour à l'Asie, ce
furent les Croisés, riches ou dépenaillés, jusqu'aux enfants
noyés dans l'Adriatique ; un Napoléon rondouillard connaissait la science de faire mourir les autres. Au vingtième siècle, Lénine, Staline et Hitler (c'est la trinité à
laquelle nous avons droit, ayant rejeté l'Autre) ont écrasé
la fourmilière à qui mieux mieux. Ironie merveilleuse de
l'histoire. Les ironistes méprisent les hommes et, à leur
façon, les aiment. Leur tempérament même les empêche
d'être cruels. Le grand homme d'Etat, celui de l'avenir
meilleur (s'il y a, quelque part dans le futur, un avenir)
sera un ironiste dominateur. Les hommes le craindront
et il les aimera. Le Dauphin, père de Louis XVI, regardait un soir les lumières de Paris. Il dit : « Je songe aux
délices que doit éprouver un souverain de faire le bonheur de tant d'hommes ! » Rendre ses semblables heureux
sans qu'ils soupçonnent qu'ils le sont et sans qu'ils sachent
que vous êtes à l'origine de leur bonheur. Ce serait une
ironie transcendantale, impossible. Socrate a suivi le con-
seil de son génie et ne s'est jamais mêlé d'affaires publi-
ques. Ce qui ne l'a pas empêché de boire la potion qu'on
sait : « Ce vieux bavard » - devaient se dire les Athéniens, soulagés, sans se douter que l'ironie de l'âme est la
plus forte. Johnson disait des Athéniens que c'étaient
des sauvages.

J'ai été ironique. Peut-être le suis-je resté. Au cours des ans, c'est la force de l'ennui qui l'a emporté. Le silence, les yeux baissés, ne rien dire, ne laisser deviner rien de ce qu'on pense. Serait-ce que l'ironie mène à l'hypocrisie ? Non. Au mépris, peut-être. Tel, et de telle sorte, qu'on peut tout révéler de soi sans que cela porte à conséquence. Ou ne dire que ce qui vous plaît. On vous lira et chacun trouvera dans vos livres ce qui lui convient. Un être vraiment ironique ne s'intéresse qu'à lui-même, à ses besoins, à ses rêves : manger, dormir, faire l'amour selon son goût, penser à Dieu. Jamais se tourner vers les autres. L'ironie alors devient cette arme terrible qui a nom indifférence. J'ai du mal à me résoudre à cette froideur. Mon tempérament, malgré son fond de glace, me pousse à regarder en face ceux qui m'entourent, mon goût de la politesse à les saluer, ma hauteur à m'incliner. Je n'ai pas encore accepté la loi qui veut que l'homme, s'il est vrai, s'il est lui-même, doit accepter de disparaître parmi les ombres. Devenir, de son vivant, spectre. A ce monde qui appelle, pour mieux vous étouffer, savoir dire non, avec comme raison unique, l'ironique mépris de qui aspire aux régions les plus hautes de son âme.

Lorsque je regarde autour de moi, je ne vois que gens sérieux, de propos et d'allure. Je veux dire qu'ils se prennent au sérieux. Ils sont les seuls. Chacun dit de l'autre qu'il est un personnage léger. Prenons-en notre parti. Pour tout un chacun, nous ne ferons jamais le poids. Il y aura donc toujours deux sortes d'êtres : ceux qui sont ironiste de l'intérieur et ceux qui le sont du dehors. Le premier vit de sa vie propre. Est-il heureux ? Non, car il voit clairement l'inconsistance des choses. Qui est heureux ? On l'attaque pour sa sécheresse, les sots lui en

voudront de les démasquer, mais lui, à mesure qu'il vieillit, attache moins d'importance à tout ça qu'au noeud de
son lacet. Le second est l'objet de l'ironie. Il se croit
grand homme parce qu'il décide et pérore. Il ne sait pas
qu'il est ridicule. Veut-il se connaître ? Qu'il regarde
l'oeil des autres. Il y verra une poutre.

Jeunesse

J'AIME LIRE les petites annonces. Les journaux littéraires américains en publient des carabinées. Chacun y cherche la femme -ou l'homme- de sa vie. Les professeurs, bavards comme toujours, s'en donnent à coeur joie. Ils sont intelligents, beaux, sensibles, cultivés, ils aiment la musique, font admirablement l'amour. Age ? Entre quarante et cinquante-neuf ans. Ils ajoutent volontiers à la longue liste de leurs qualités (unique défaut : un soupçon de morosité, après douze heures de Kierkegaard) qu'ils sont restés jeunes.

Le grand mot est lâché. Jeune, qui, après trente ans, ne souhaite le demeurer ? Dans un album, je voyais, une année suivant l'autre, vieillir Jean Cocteau. Le désespoir est dans les yeux, dans ce regard qui se fait de plus en plus métallique et qui finit par ressembler à celui d'une vieille poupée. Au dernier tournant, Cocteau se dresse sur une route à perte de vue, mince comme un fil, les manchettes retroussées sur une main où s'épanouissent les veines ; il regarde le photographe dans les yeux. Les siens sont bouchés, recouverts par des demi-coquilles. Il est jeune puisque son regard de vieux ne le trahit plus. Erreur. La jeunesse flaire la jeunesse. Elle n'est heureuse qu'avec elle-même, sans se soucier des coeurs défaits qui palpitent encore. Celui d'un vieillard comme Cocteau, c'est ce qui bat sous le chéquier. Lui tend l'oreille et sent vibrer, s'emballer la vieille pompe. La jeunesse voit l'écrivain illustre. Elle l'admire ou le méprise, selon. Le vieillard pue.

Thomas Mann, afin d'indiquer son destin à Gustav
v. Aschenbach, place un minable Cocteau au milieu d'un
groupe de jeunes admirateurs, sur le vaporetto, avec
Venise qui fume sur sa lagune. Les cheveux teints répondent au râtelier et la croupe à la pomme d'Adam maigre-
lette qui saille. Spectacle déchirant. Les jeunes gens rient.
Le vieillard rit avec eux, de lui-même, ou d'eux ? Par le
rire, il est l'un d'eux. Il boit ce rire qui le secoue, grâce
auquel il aura la force de s'ébrouer, de durer, peut-être,
l'aube venue, de conquérir. Les jeunes hommes, sous leurs
rires, cachent eux aussi une détresse, dont saura profiter,
plus tard, quelque démon. Au fond d'une venelle, bai-
gnant dans l'odeur des canaux, une femme sourira, la
mécanique aux aguets. Ce personnage épisodique la sui-
vra dans son antre où un lit brinquebalant figurera le
trépied. Ainsi, deux malheurs finissent par se fondre en
un seul.

Les vieux veulent redevenir jeunes. Les jeunes ne
savent pas qu'ils le sont. On parle beaucoup de jeunesse.
Les jeunes gens se rendent compte que c'est là un mot clé.
Ils l'utilisent par rapport aux hommes mûrs, soit pour
leur faire peur, soit pour aviver en eux la tristesse de
vieillir. Le chaton joue avec la vieille souris. En réalité,
ce qui fait penser à la jeunesse, c'est le spectacle des
vieillards sous leur déguisement. De dos, sur la tête un
chapeau aux énormes bords, la taille fine, vêtus de couleurs vives, ou de velours, on imagine une silhouette de
vingt ans. Pourtant, un je ne sais quoi de compassé, une
raideur de l'âme, la crainte de glisser sur le pavé, le geste
à peine esquissé, à chaque instant, de se raccrocher à une
vitrine, laissent deviner qu'il y a maldonne. Un jour à
Paris, au Ritz, j'ai vu la duchesse de Windsor. Elle sortait
de voiture, jeune fille de quatre-vingt-seize ans. L'élé-

gance extrême de sa personne accusait l'âge, la rendait
ridicule. Une vieille et sèche guenon. Elle foudroyait.
Oscillant entre le rire et l'horreur, on la regardait passer.
Plus tard, aux funérailles de son mari, de noir vêtue,
voilée, elle était redevenue cette femme de grande allure,
la seule princesse de la cour d'Angleterre. Le veuvage
auréole la femme. Qu'est donc la jeunesse, sinon le désir
le plus profond d'oublier la mort ? Devant la camarde
qui montre le bout de l'oreille, l'homme se déguise. C'est
sa façon instinctive de fuir à Samarcande. Il ne sait pas
que ce beau jeune homme tout neuf, la mort l'a choisi.
Il mourra et on le placera dans un cercueil d'enfant !
Récompense ironique.

L'enfant, lui, accède au jeune homme. Le passage
est difficile. La représentation du monde change. Dans
La robe longue, Pirandello, avec sa mélancolie habituelle,
raconte le suicide d'une jeune fille de seize ans que son
père et son frère, le « filou », s'apprêtent à vendre à un
marquis de quarante-cinq ans, dont ils se moquent ouver-
tement. Didi plonge dans l'horreur. Elle cesse brusquement, trop, d'être une enfant. D'habitude, l'enfant de
douze à quinze ans, s'abandonne au flot. Comment
pourrait-il en être autrement ? Comment se refuser à
la vie ? Sous son aspect terrifiant, elle attire, semblable
à la jungle d'Angkor où l'homme sait qu'il peut disparaître pour toujours. Ce que Didi vit en une heure,
l'enfant l'étale. Il s'habitue au mal. Il grandit, et parfois, malgré ses seize ans, le sourire du gamin réapparaît
sur son visage. Déjà, il a appris à parfaire l'amour. La
forme de l'amphore l'attire. Il n'aime plus pour aimer,
mais afin de posséder. Les bras ne sont plus là que pour
assurer l'équilibre et, dans la course à pied, la ligne droite.
Ils sont là pour retenir l'amphore qui bascule. Toute

jeunesse est romantique, quoiqu'en pensent les psychologues du vingtième siècle. Elle est pure. Les images, que les adultes lui proposent d'elle-même et de ses besoins, la corrompent. Dans l'aire psychologique des jeunes gens, se dresse une barrière derrière laquelle s'étendent, presque à l'infini, des zones de blancheur et de rêves qui se perdent dans l'éther. On trouvera ces rêves, jusqu'à la fin, dans l'œuvre de Satie. Ils sont rares après dix-huit ans. L'adolescent est alors devenu un jeune homme, un lutteur. Il voudra dominer tous les univers : celui de la politique comme celui de la femme. Devant elle, comme devant les principes, il ne rougit plus, il se fâche, car il aura toujours raison. A lui le premier, la vie cédera. Merveilleux enthousiasme, dernier reste de la fraîcheur intangible de l'enfance.

Je ne conçois de jeunesse, en vérité, que remuante, révolutionnaire. Le jeune homme regarde le monde. Les yeux sont clairs. Que voit-il ? La médiocrité triomphe partout. Les hommes sont seuls. Notre jeune homme se dit que Rousseau avait raison. Il ne peut accepter que les humains soient, dès le départ, mauvais, leur existence tarée à la source. Le christianisme a donné de la dignité à cette tare, en la nommant péché originel. En réalité, l'homme naît incomplet, avec ses mirages. Il est malheureux de n'être que cette corruption d'un lui-même idéal. Il pleure, jeune, se console, vieux. Il se durcit. Son cœur se bronze. L'adolescent ne croit pas qu'il en sera ainsi. L'univers, pour lui, est un champ immense où les forces du bien vont et viennent comme elles l'entendent, victorieuses à tout coup. Je me souviens de mon étonnement lorsque, pour la première fois, j'ai ouvert les *Exercices* de Saint-Ignace. J'y trouvais l'immensité du champ, mais c'était le lieu des combats contre les forces du mal en moi, c'est-à-dire de cette partie de mon être que je n'accepterai jamais. Les oriflammes battaient au vent dans un ciel immense. A peine distinguais-je les miens de ceux de Satan (autre moi-même). J'oscillais. Les yeux grands ouverts, je virevoltais comme une toupie. Le monde n'était donc pas ce que j'avais imaginé ? Les autres étaient donc, comme moi, champ clos de tous les malheurs ? Je marchais de long en large sur une galerie de bois au troisième étage du Collège, avec derrière moi la montagne noire, devant, une vallée sinistre où avaient poussé des maisons. Au loin, d'autres montagnes. La vie se dépliait devant moi, dans un petit livre noir que beaucoup d'adolescents avaient lu. On ne choisit pas les lieux de ses désespoirs. Le mien, comme tout en moi, n'avait de force que la durée. Il ne m'a pas quitté. J'ai honte d'être né, j'ai honte de mes semblables. Je ne veux pas être ange. Je ne veux rien. Je regrette, tout simplement, d'être sorti vivant du ventre de ma mère, d'avoir respiré une première fois, d'avoir vécu, de vivre, d'avoir à affronter une nouvelle, éternelle, vie. Si j'avais eu du courage, je serais devenu pétroleur, j'aurais changé la face du monde, pour le plaisir. Claudel, Mallarmé, Anatole France, Valéry ont eu un faible pour les anarchistes. Ce sont les seuls hommes d'action que je ne méprise pas. Pour le reste, je crois qu'il faut laisser les humains aller à la dérive. Ils ne s'en porteront pas plus mal.

Et s'il m'était donné de redevenir jeune ? Accepterais-je de revivre ? Non. Je n'envie pas les jeunes que j'enseigne, ou que je vois dans les librairies, à la recherche de quelque vérité. Ils croient à tout, donc à rien. C'est l'époque. Comment pourraient-ils échapper à ces mensonges organisés qui ont nom société moderne ? Ils sont victimes de toutes les modes. Jamais massacre

d'innocents n'a été aussi bien préparé. Le fil de l'épée
marxiste, voilà leur horizon immédiat. Ils le devinent
vaguement. Qu'ils se trouvent en face d'un homme
comme moi, qui dit ce qu'ils pense, ils respirent. Je parle
de ceux qui ont l'intelligence vive et le sens de l'humour.
Ce n'est pas la majorité. Le troupeau m'indiffère. Combien sommes-nous, dans le monde, à ne pas mentir aux
jeunes gens qui viennent vers nous ? Soyez maudite, race
des Ilich, qui avez enseigné le mensonge et l'avez entouré
de la lumière de la vérité ! Rien n'est plus triste que le
spectacle de ces jeunes regards traqués par le désespoir
qu'engendre l'ennui. Lorsque tout est faussement facile,
on ne peut choisir que la mort. C'est ce que dit le poète :
« On déchire l'homme, on écartèle les dieux, on rompt
l'accord... jusqu'à l'inversion de l'extase et au chiffre
de la mort. » [1]

Mon âme, le dirai-je ? s'apitoie sur la jeunesse. L'avenir. Le monde inhabitable. La montée, contre nous, des
jeunes et des noirs. Que deviendra notre descendance ?
Au cours des siècles, nous avons créé de toutes pièces une
civilisation, qui porte notre sceau. D'elle, qu'adviendra-
t-il ? J'appartiens à la dernière génération à qui il sera
donné de respirer à l'aise dans l'Occident. Déjà que de
noirs effluves ! C'est pourquoi, lorsque je vois rire la
jeunesse, je passe en souriant. Riez, riez, jeunes gens !
Au détour du chemin, l'Histoire vous attend, masquée,
vêtue de ce cuir que vous affectionnez, le gourdin à la
main. Elle vous assassinera, selon sa coutume, dans l'ombre.

---

1. Guy Lafond, dans *Poèmes de l'Un*, Editions Voltaire, Montréal 1968.

Kyrié

C'EST UNE INVOCATION. L'homme, dans son malheur, se tourne vers Dieu. Quelle réponse ? On ne saura jamais. Dans l'église de mon enfance, lorsqu'arrivait le moment d'entonner le Kyrié, les chantres respiraient profondément. On les entendait dans la nef. Kyrié éleison ! Nous savions que les airs se remplissaient, que les hommes demandaient pardon, race dépossédée ! Nous savions aussi que Dieu nous pardonnait, parce que nous étions Canadiens français et catholiques, que nos ancêtres n'avaient pas trahi, que Dieu, dans sa bonté, nous aimait. Fort de cette certitude, c'était toujours le moment que je choisissais pour me retourner, pivoter sur les genoux, et regarder, de bas en haut, la chorale. A la messe de huit heures, ma mère et ma tante chantaient. C'était l'heure de ces dames, tante soprano, mère alto. L'église fleurait la neige et les fourrures trempées. C'était l'hiver. En été, je portais culotte et col empesé, ma soeur des robes qui ressemblaient à des nuages roses et de grands chapeaux de paille aux rubans flottants. La chorale de femmes chantait le Kyrié avec une insistance funèbre. On se rendait compte que ce n'était pas leur pardon qu'elles imploraient, mais celui de leurs maris et de leurs enfants mâles. C'était la seule partie de la messe où elles délaissaient les cantiques. Ni Gloria, ni Credo. Broutilles que tout cela. L'essentiel, c'était ce pardon céleste qui permettait à la famille de durer. On savait que Dieu baignait dans sa gloire. La foi était chose acquise. Il s'agissait de forcer une autre porte, infiniment plus im-

portante, celle de l'amour parternel. On sait que les pères
sont imprévisibles. Le fils prodigue est aussi, souvent, le
préféré. Les voix montaient, descendaient, allaient, venaient. Parfois, les sopranos, où la voix de ma chère
tante, rappelait Jéricho, l'emportaient d'une foulée sur
les altos dont soudain perçait la basse continue. Je cher-
chais à y reconnaître des sons familiers et, à la sortie,
m'accrochais au bras de ma mère et portais son missel.
Que sont devenues ces femmes ? L'organiste, Victoire
Marchildon, amie de toujours, est morte l'an dernier
(1974). Ma tante a quatre-vingt-trois ans. Le mois
prochain, on l'opère d'une cataracte. Ma mère est morte,
ainsi que son amie Madame Fortin, tombée du haut d'un
escalier, crâne fracassé. Et Madame Boileau, avec son
long crêpe de veuve ? Où sont les neiges d'antan ?

A midi, comme pour remercier le Ciel d'avoir exaucé
nos prières, nous mangions de bon appétit. L'heure aidant,
le soleil inondait souvent la salle à manger. Un silence
curieux tombait sur la ville et, sitôt le café pris, ou le
thé, nous nous précipitions à travers la maison, chacun
retrouvant son coin favori, pour lire, ou dormir. Les
dimanches ont cette qualité de douceur, d'ennui, d'émotion rentrée, de désespérance souriante qui ne peut se
traduire qu'en musique. Aussi dès deux heures, m'as-
seyais-je près du poste de radio afin d'écouter l'Orchestre
symphonique de New York ou, l'été, quelque ensemble.
Le temps trouvait sa mesure. A la calme épaisseur de
l'instant s'ajoutait la musique de Beethoven ou de Chos-
takovitch, de Sibelius ou de Tchaïkovski. Le menu de
cette époque ne s'étendait à Bach qu'à l'occasion de
Pâques. Mozart ni Debussy n'avaient droit de cité, la
société new-yorkaise musicophile n'aimant que les masses
énormes qui lui en donnaient pour son argent. Peu m'im-

portait. J'avançais dans cet océan de sons qui me permettait d'oublier histoire, péchés, besoin d'implorer. Il s'agissait aussi d'accélérer le passage du temps dans ma petite
ville perdue au coeur de la steppe. Les conversations - qui
portaient peu sur le pardon - alternaient avec les sorties en
voiture. Peu de promenades à pied, la moindre course
nous paraissant un trek dans la jungle. Demandions-nous
à Dieu d'avoir pitié de cette paresse ? Les airs alanguis
ne manquaient pas. Après la musique, avant de passer
de nouveau à table, pour y manger froid le rôti du midi,
je lisais. Quoi au juste ? Je ne saurais dire. Comme la
musique, la lecture me servait de refuge et c'était tout.
Un autre château-fort, en somme, où disparaître. Rêvais-
je ? De ma fenêtre, je voyais passer gens et voitures,
pendant la guerre, des jeunes gens à peine plus âgés que
moi, portant haut l'uniforme, le béret accrocheur, la
démarche vive. Je leur enviais la liberté de n'être pas né
dans les livres, de ne penser à rien, d'aller et venir entre
la vie et la mort. Certains soirs, le dimanche d'habitude,
ils repartaient, baluchon sur l'épaule, affublés d'immenses
manteaux kaki, à demi-ceinture et pince dans le dos. Le
train arrivait. Ils montaient et disparaissaient pour
toujours. Que représentaient-ils pour moi, au fond de
mon coeur qui n'avouait rien ? Sans doute la liberté des
grandes villes et des camps, l'insouciance, les dancings.
Je pensais alors que cet univers me plairait. J'y ai goûté
par la suite. Je ne dis pas les camps, mais les villes et les
bals. Tout est pareil dans la vie. Il faut se contenter
d'émotions médiocres, accepter que tout soit égal, ne prétendre à rien. Peut-être alors ce bonheur viendra-t-il
pour lequel, plus tard, nous devrons demander pardon.

En réalité, dans nos prières, quelles qu'elles fussent,
nous demandions pardon d'exister. Kyrié éleison. Ayez

pitié de nous qui n'avons pas voulu disparaître. Je ne crois pas que j'exagère, ou à peine. Les Canadiens français se sentent de trop. Toutes les races ont le droit d'exister et de se faire valoir, la nôtre non. C'est de cette certitude que vient notre inertie. Le moindre pouilleux plutôt que nous a le haut du pavé. Il aurait fallu que nous apprenions à nous passer de ce Dieu bénisseur et méchant. Qu'importent peu les patenôtres ! Nous avons la vie et nous n'en avons pas l'instinct. Ni celui de la dépasser. Est-ce devant cette nature infirme que nous demandons à Dieu de s'apitoyer ? Il me semble, et je me situe ici au niveau le plus bas, que si nous étions des hommes, il y aurait belle lurette que nous serions libres, sans quémander, avec l'assurance du vainqueur, du maître de maison. Il n'en est rien. Le premier venu, Pakistanais, Indien, Calabrais peut entrer dans notre maison, y ouvrir toutes les portes, farfouiller dans les tiroirs. Et encore, on nous a enseigné la politesse ! Nous devons lui parler sa nouvelle langue, qui est l'ennemie de la nôtre. Que d'entourloupettes pour disparaître. Les oubliettes de l'histoire, voilà le refuge de ceux qui prient !

Je m'efforce de ne plus prier, dimanche ou semaine. Plutôt, je me replie sur moi-même, comme un animal blessé qui attend que la nature fasse son oeuvre. La prochaine étape sera de quitter ma coquille, d'attaquer, de combattre. Né ici, tel que je suis, sera-ce possible ? Les prières ou le silence, n'y feront rien. J'ai un collègue qui a trente ans. Il m'assure, avec la fougue et l'assurance de la jeunesse, d'abord, qu'il compte vivre jusqu'à l'âge de soixante-cinq ans. Il finira ses jours en France puisque, ajoute-t-il, en l'an 2000, on ne parlera plus français au Québec. Défaitisme ? Réalisme ? La violence nous est interdite. Qu'auraient fait nos dirigeants si, en 1970, ils avaient eu, en face d'eux, de l'autre côté de

la barricade, des adversaires de taille, résolus ? M. Pierre
Trudeau serait devenu en vain hystérique. S'il y a une
prochaine fois, ne faudra-t-il pas qu'elle soit décisive ?
La violence politique, rentable et respectable ailleurs, et
partout ailleurs, cesserait-elle de l'être sous prétexte qu'il
ne s'agit que de notre survie ? J'ai longtemps hésité à le
croire. Mes yeux refusaient de voir l'évidence. Pour
échapper à cette logique, j'ai même cessé de lire les journaux. Voici que je crois que seule la violence, dans le
monde moderne, tranche les noeuds gordiens. En 1970,
M. Pierre Trudeau, au service de la paix des grands intérêts, a, comme les apprentis terroristes, utilisé la violence.
La sienne fut dynamique et chargée de symboles. La
nôtre, rentrée, en somme tremblotante, ne débouchant que
sur des contradictions et des aveux d'impuissance. L'évidence interne, le comportement des pseudo-anarchistes,
les analyses de Jacques Ferron (le seul à avoir vécu ce
drame à la fois au-dehors et du dedans) m'empêchent de
croire à la vérité de la version officielle de la mort de
Pierre Laporte. J'écris ceci au moment où, de tous les
côtés, éclatent des scandales qui démasquent ces mêmes
politiciens qui nous ont envoyé la troupe. Une troupe
anglaise, du reste, et bien endoctrinée, qui ne voyait
partout qu'assassins. Nous apprenons soudain que ces
politiciens purs sont des escrocs. Jolie leçon de choses.
Notre bon peuple les hissera de nouveau sur le pavois, à
la première occasion. Ayez pitié, ô Dieu, de la bêtise
humaine. Peine perdue, Schiller l'a dit : « Gegen die
Dummheit Kämpfen die Götter selbst vergebens ». La
bêtise sera-t-elle toujours la plus forte ? Nous agonisons
depuis deux siècles. Le Kyrié du dimanche, c'est aussi la
prière hebdomadaire des mourants. Nous avons demandé
à Dieu sa pitié. Il nous la donne, mais ne nous offre qu'elle.
Demandons-lui l'intelligence, la volonté, une ambition

effrénée, l'amour de l'argent, la solidarité, la fierté de
l'âme et du corps, le goût de la beauté. En somme, la
transformation radicale de notre être. Qu'il le veuille
bien (et il le voudra si nous lui forçons la main) et le
Kyrié se changera en hosanna !

Une autre voix dit : A quoi bon ? A quoi sert-il
de réfléchir, de rêver, d'agir ? L'homme se résout en
poussière. Dans l'univers, la Terre est à peine un grain
de cendre. Pourtant, c'est elle qui nous sert de médium
et de barême. Elle nous porte et nous la portons en nous.
Au dernier moment, elle nous enveloppe. Nous dispa-
raissons en elle, que ce soit, selon l'expression même de
la réalité, en terre, ou dans le ciel qui l'entoure, fumée.
Nous vivons pour ce dernier instant, sans croire qu'il
existe. Robert Choquette me disait : « Enfant, jeune
homme, je souriais lorsque mes parents, ouvrant le journal, se précipitaient sur la colonne des décès. Je souris
aujourd'hui, c'est moi qui, dans le noir, cherche des noms
connus, des visages amis. Je pense que le mien y figurera
bientôt ». Sans la mort, que vaudrait notre vie ? La
finalité du départ lui donne un rayonnement diffus dans
l'enfance, clair et dru dans l'âge mûr, si l'homme le veut
bien. Cette volonté, c'est le sens de la vie. Autrefois,
dans les combats, certains hommes, le couteau sur la
gorge, imploraient la pitié de leur vainqueur. D'autres,
non. Cette loi valait aussi pour les gladiateurs. A chacun
son honneur. Lesquels avaient raison ? Les impétrants, à
qui on tranchait quand même la gorge, ou les autres ?
La nature de l'homme se cache dans la réponse, comme
dans la question. Pour moi, je crois qu'il vaut mieux
être généreux que pitoyable. Dans sa pose, le loup de
Vigny a raison. Plutôt que d'implorer, se taire. Plutôt
que de geindre, mépriser. Plutôt que de souffrir, conquérir.

Lecture

L'HOMME EST VENU tard à la lecture. Saint Augustin, comme Erasme ou Ronsard psalmodiaient leur prose. De l'oeil au son afin que saisisse l'oreille, ce premier, pour eux, de tous les sens. L'homme qui lit pour lire, on ne le trouve que beaucoup plus tard. Celui-là ne réfléchit que pour lui-même, de l'oeil à l'esprit sans entrave. La première méthode avait peut-être du bon. Le lecteur - qui n'était pas qu'un liseur - était aussi un créateur. Par la lecture récitative, le rythme des autres écrivains se mariait au sien, les belles sonorités se gravaient dans sa mémoire ; d'une façon générale, il retenait. La mémoire jouait d'autant plus son rôle que tous les auteurs tendaient à l'uniformité d'un style. L'originalité consistait à passer inaperçu dans la perfection. Les cadences se ressemblent et ce sera à des détails infimes qu'on reconnaîtra l'écrivain de génie. Une science naîtra qui est celle d'écrire, que nous avons perdue. Qui sent aujourd'hui, d'instinct, la différence entre trois vers de Racine et trois vers de Molière, un morceau de bravoure de Boileau et une tirade de Molière ? Chacun dira : « Moi, moi ! » Voire. Pour ce qui est des prosateurs, ils se perdent dans une indifférenciation qui leur rend justice en les banalisant. N'échappent à cette règle que ceux qui ont le courage de se relire, de se dire, Flaubert ou Montherlant et Gide, Léautaud, qui ont conservé à la dignité de leur style la vie du « parlé. » L'écrivain doit apprendre à se lire à mesure que les mots naissent et dirigent la main. Au rythme répond la sonorité. Saint Augustin lisait à haute voix ; l'écrivain du vingtième siècle, en butte à la décadence de toutes les valeurs, doit écrire à voix haute.

On ne lit plus debout, mais assis, certains à table, les coudes appuyés sur le rebord, la plume à la main, notant et soulignant ; d'autres sur un canapé, les jambes croisées, recroquevillés sur eux-mêmes, le livre sur les genoux. On lit deux pages — je lis deux pages puis, je place le livre à côté de moi. Pendant cinq ou dix minutes, je rêve à ce que je viens de lire, j'essaie de donner vie réelle aux personnages. S'il est question d'idées, je ne rêve pas. J'attends d'avoir lu le livre puis, à mon tour, je réfléchis, la plume à la main. Les personnages, eux, je les anime. Natacha Rostov court dans la chambre de sa mère et lui avoue qu'elle aime le Prince André. Je l'entends, je la vois qui pleure. La chambre, le lit, tout est là avec le bonheur de la comtesse. Je vois aussi le Comte à côté qui lit ou qui dort, selon son humeur, sa robe de chambre à brandebourgs de soie, son bonnet de nuit. L'intensité de ces instants de vie par procuration est extraordinaire. Elle permet d'être chez-soi et dans la Russie de Napoléon, avec la vérité de l'esprit comme guide. N'est-ce pas le rêve de tous les hommes que de pouvoir se projeter dans l'espace et le temps, se perdre dans l'éternel ailleurs ? Se perdre sans se quitter, secret de la vie. N'est-ce pas aussi le secret de la facilité ? Quelle est la part de l'intelligence dans ces treks d'imagination ? Négligeable sans doute, sauf pour l'agencement des détails, l'ornementation, les appogiatures. Plus tard, lorsque mon écriture aura atteint son sommet, qui sera d'être lyrique, ces détails auront leur importance.

Chacun, dans la vie, a son lieu de rencontres, d'aspirations et désillusions. La valeur de ces aires est la même partout puisque les humains, dans leur multitude, ne varient guère. Il suffit à une religion de vingt interdits pour régler notre conduite. Nous nous trouvons sans cesse en présence des mêmes humilités et des mêmes glorioles. Il suffit d'ouvrir un journal du soir pour y relire les hauts faits du matin. Seuls les noms diffèrent. L'écriture transplante ce réel dans le merveilleux. Elle lui redonne, rareté extrême, sa vraie physionomie. L'imagination de l'artiste n'est pas qu'expansive. Restrictive, elle grossit l'essentiel et rapetisse les accessoires. Le tout se présente au lecteur dans un dépouillement qui a retenu l'épaisseur et le mouvement de la vie et qui rappelle l'illusion d'optique. La présence de l'auteur est nécessaire à la pulsation de ce mensonge. Il faut que le lecteur soit pris et qu'à chaque mot, il le sache. Montherlant intervient dans ses récits pour expliquer une scène à son lecteur ou même le rabrouer. Suprême coquetterie de l'artiste qui, en se signalant, risque de tout gâcher. Michel-Ange, le premier, signa une statue. L'artiste se nomme. Ainsi le veut l'originalité de l'homme moderne. Etre soi, se retrouver dans la composition de l'univers, se détacher du troupeau, ne pas sauter dans la mer à l'invite de quelque Panurge. Il y faut une volonté de fer, puisque tout nous pousse à nous perdre dans la masse. Le seul fait de dire : « C'est moi, me voilà ! » est un acte de mépris. Quiconque s'affirme se désolidarise. Il ne lui reste plus qu'à aller au pas de course dans la vie, entre les immobiles, les assis qui ne comprendront pas qu'on puisse être pressé.

L'écrivain fait corps avec son livre, le lecteur avec lui. Quelle différence avec le musicien qui ne s'adresse qu'à des initiés. A tel point qu'au concert, un mélomane, qui amène sa partition et qui cherche, dans le noir, à lire son Debussy ou son Brückner, est un peu ridicule. Les auditeurs n'ont de commerce qu'avec la surface de la musique. Les musiciens encouragent ce mensonge. Ils décrivent des tempêtes ou le chant des oiseaux. Seuls quelques initiés peuvent suivre le mouvement intégral et la mathématique de leur pensée. Le lecteur de Descartes (je ne parle pas des embrouillaminis modernes) n'aura d'autre boussole que son intelligence et le bonheur de réfléchir. Il sera ou Valéry ou cet inconnu dans une chambre. Tous deux ont la même lampe, fument le même tabac, empruntent les mêmes attitudes. Ni l'un ni l'autre, devant les difficultés du texte, n'a le droit de s'avouer vaincu, car Descartes, du haut de l'Empyrée, contemple ses lecteurs avec le sourire d'accueil dont parle Virgile. Comme le dit Valéry lui-même :

> « *Et si j'inspire quelque effroi*
> *Poème que je suis, à qui ne peut me suivre,*
> *Quoi de plus prompt que de fermer un livre ?* »

La justice de la lumière, celle de la connaissance, chacun les porte en soi. L'une des joies de la vie consiste à les sentir naître au jour, sans ombres. Nous pouvons tous susciter cette vie, le voulons-nous. Rien n'est plus facile et plus difficile à la fois. Il suffit d'ouvrir un livre et de dialoguer avec lui. Ce sont les meilleurs amis, écrit Léautaud. Il ajoute qu'il n'y a aucune peine qu'un bon livre ne lui fasse oublier. Est-ce le signe d'une âme froide ? Ce serait là un jugement terrible car, dans les temps modernes, y eut-il plus assidu lecteur que Léautaud ? Il n'a aimé la vie que par les livres et pour un livre, le sien, celui qu'il écrivait, au fil des soirs ; bureau, métro, train, maisonnette ou appartement, pâtées, caresses aux chiens et aux chats, plume, bougie, papier blanc qu'il faut couvrir de mots, au gré des humeurs. La

lecture sert de force d'appoint. Léautaud y trouve d'admirables raisons de se donner raison en tout. Le plaisir de
lire, avouons-le, isole. Le lecteur habituel n'a que faire
des avis de ses proches, puisque La Rochefoucauld lui a
appris à connaître les hommes. La vision des choses est
volontiers noire, les écrivains optimistes étant épars, et
du reste, mauvais. Il n'entend donc que le son de cloche
qui a nom glas. Léautaud est un exemple souverain de
ces natures qu'a formées la lecture, et elle seule. Les
ennuis qui naissent du frottement de la vie, un autre
leur eût assigné quelque place dans le déroulement de ses
jours. Léautaud voit en eux la preuve que les moralistes
ont raison. Ceux-ci sont sévères. Leur catalogue est noir.
Léautaud connaît donc peu de jours fastes. Le mot
« lamentable » revient souvent sous sa plume, qu'accom-
pagnent des jérémiades sur les femmes. La réalité est
autre, faite de peines et de joies qui s'entremêlent. Je
crois que la tristesse de vivre l'emportera toujours. Les
livres lui donnent quand même une place trop impor-
tante. Je ne connais pas, dans les lettres, de rire franc,
de ces moments où l'homme, libre en lui-même, se laisse
aller à la douceur de se révéler par le rêve. Peut-être
Rabelais rit-il dans la joie. Je n'en sais rien ; le mur du
langage m'empêche de rire, en le lisant, sinon par savante
procuration. Voltaire est drôle, il n'est ni aimable ni
humain. « J'ai parfois admiré la férocité des lettres » -
note Michelet. A rapprocher de la maxime de Goethe :
« On n'apprend à se connaître que dans l'action. » La
lecture ne serait-elle pas le dernier refuge des lâches ?
Crainte de se connaître, ils apprennent à connaître les
autres. C'est la différence entre lire et écrire.

   Quiconque lit entre dans un univers que déforment
les idées, les préjugés, les amours de l'écrivain. Il lui

faudra, dans *Guerre et Paix* accepter que Tolstoï soit
présent dans cet univers recréé ; dans les *Frères Kara-*
mozov que Dostoïevski soit aussi Aliocha, que Balzac soit
Vautrin. Il y a le monde et il y a l'écrivain, inséparables
l'un et l'autre.

La lecture se situe entre le rêve et la réalité.
Nous ne chercherons pas chez le poète la voix d'enflure
qui condamnera la bombe atomique ; nous lui demandons
la clé de son espace intérieur, l'étendue de ses mythes
personnels. Qui lira les rimes vengeresses de Victor Hugo ?
Napoléon III en Angleterre, entre Eugénie et Victoria, a
dû s'amuser à réciter ces vers. Il aura été le seul. Tous
les hommes sont partisans de la liberté, de l'ordre, de la
douceur d'âme. Victor Hugo, ne connaissant pas le détail
des choses, ne pouvait y entrer. Les *Choses vues* sont plus
efficaces précisément parce qu'il ne glapit pas. Nerval,
les bras tendus, offrant sa poitrine aux ennemis de sa
mère, resème les dents du dragon. C'est pour cela qu'il a
été créé et mis au monde. « Resemer aux pieds de sa mère
les dents du vieux dragon » ! peut-on inventer destinée
plus remplie ? On se demande ce que cela veut dire, on
ne comprend pas, on ne comprendra jamais ; pourtant
se dégage de ces vers la certitude que Gérard de Nerval
a raison, qu'il a touché au fond de lui-même (et du
mystère que nous sommes) une réalité. Léautaud rirait,
s'il lisait ce qui précède, lui qui ne croyait qu'au compré-
hensible, lui qui avait horreur des rébus. C'est qu'il y a
rébus pour l'intelligence et rébus pour le coeur. La froideur de Léautaud blesse souvent la sensibilité, comme
certains vers de Valéry blessent la raison. Pour moi,
l'amour passionné des animaux a quelque chose de ridicule. Léautaud, lui, se moquait de l'amour de ses semblables. Chaque esprit a ses lois. Elles sont toutes bonnes.

On peut, indifféremment, tout condamner ou porter tout aux nues. Il n'y a qu'une règle qui vaille, c'est celle de sa vérité. Se ment-on, le style a aussitôt quelque chose de compassé, il rentre en soi, il détourne les yeux. Cela se sent, le lecteur hypocrite lui aussi (mais c'est son rôle) s'en rend compte. Encore faut-il qu'il y ait style. Personne ne sentira la présence du mensonge intérieur, qui est l'artifice, en lisant patois. Bel exemple de cette sorte de mensonge : un écrivain québécois, qui est aussi éditeur, écrit patois sauf lorsqu'il s'agit de discuter d'affaires dans les journaux. Dénonce-t-il une politique gouvernementale qui va à l'encontre de ses intérêts, vite, il oublie sa parlure pour s'expliquer en français. Ce même écrivain a débuté dans les lettres en remportant le Prix Larousse pour un éloge du français, devenu depuis sa bête noire ! Toutes proportions gardées, c'est Rivarol écrivant en charabia ! Les livres regorgent de mensonges qui font la joie du lecteur. Proust avait tort de croire que la biographie de l'écrivain importe peu. Au contraire, la vie de l'homme, c'est sa vérité. La vérité de l'homme, et de Proust le premier, c'est sa vie. Non pas son oeuvre, inséparable d'elle-même.

Adolescent que j'étais, dont le nez s'allongeait entre les pages des livres, que lisais-je ? J'avais aimé pleurer. Delly m'avait arraché des larmes. J'étais passé d'une femme à l'autre : la Ctesse de Ségur, George Sand, Delly qu'était venu entrelarder Alexandre Dumas. Mon enfance, je l'ai passée à lire, dans notre grand salon clair et bleu. « Il lit trop », disait grand-mère Lanthier. Elle-même aimait lire et j'ai d'elle une protographie qui la montre assise dans le jardin, un livre à la main. Ces besoins nous viennent de loin. Pour être triste, il suffit que je pense à mes ancêtres, perdus à Montebello ou à

Saint-Ours, au milieu de tous ces hivers, vents éternels,
regardant tomber la neige et ne sachant que faire. On
(qui est cet « on » ?) les gardait précieusement dans
l'ignorance, écrin-écran. Sans doute montait-il d'eux
une plainte atroce, inarticulée, dont eux-mêmes ne soup-
çonnaient pas la richesse, plainte qui traverse les âges,
modulée d'une certaine façon, épaisse d'harmoniques et
cette voix qui chantait l'espérance un jour de connaître,
je voudrais qu'on la retrouve parfois, dans mon écriture,
comme une réponse à ces hommes et ces femmes sensibles, obéissants et pauvres. Ma grand-mère s'intéressait
à tout : littérature, politique, modes, religion. La littérature la mettait chaque jour au monde. Le journal lui
apprenait qu'existent, ailleurs, des espaces. Perdue loin
de tout, dans de petites villes provinciales du nord de
l'Ontario, sans doute lui semblait-il que la lecture la
rapprochait de millions d'autres êtres isolés comme elle.
Hitler fulminait, le Négus descendait du train à Londres,
Mussolini jouait du menton, le Cardinal Villeneuve sou-
riait aimablement, potelé, dans une calèche. Les légendes
expliquaient tout et rappelaient à la lectrice, le soir, après
dîner, à la lumière de la lampe, près d'un mouchoir à la
broderie inachevée, qu'elle appartenait aussi à l'espèce
humaine et non point seulement à sa famille qui lui sou-
riait et l'embrassait à chaque arrivée comme à chaque
départ. Ma grand-mère, qui avait trois filles, comme elle
avait eu deux maris, les visitait à tour de rôle. Elle aima
la lecture et le bridge quoiqu'à la fin de sa vie (elle mourut
à soixante-dix-huit ans) elle trouvait ses partenaires bien
gâteuses. Elle-même mourut vite, faute d'avoir été bien
soignée. Son médecin était un hâbleur qui l'affama.
Cette vieille dame heureuse, qui tenait à la vie, qui
aimait la table, mourut littéralement de faim. A la
fin, une grosse larme lui glissa de l'oeil sur l'oreiller. On

me dit que cela est fréquent. C'est quand même sinistre, ce désarroi devant l'éternité ou le néant (que choisir ?), l'horreur de s'en aller, de ne plus revoir ce qu'on aime.

On m'apprit cette mort au collège, où je lisais ferme. Ma grand'mère, avant de perdre conscience, avait souhaité me revoir. J'existais donc pour elle ? Je m'en étonne encore. C'est du reste l'un des traits de mon caractère de n'arriver pas à comprendre qu'on sache que j'existe. Lorsqu'on me téléphone, j'ai toujours envie de demander : « Comment, vous pensez donc à moi ? » Le Recteur, qui était alors le Père Guy Courteau, homme aimable qui voulait affirmer son autorité, me refusa l'autorisation de me rendre à son chevet, sous prétexte qu'elle n'était qu'une grand-mère. Je restai. A cette époque, je passais de longues heures à la Bibliothèque, replié sur moi-même, pelotonné dans un coin, un livre sur les genoux, à lire, à la lueur d'une ampoule au plafond. L'odeur des livres m'enchantait. La poussière qui les recouvrait me montait au nez et j'éternuais à tout bout de champ. J'étais au centre d'une tombe de mots. Je m'étonnais à chaque page de la jeunesse des écrivains, du nombre de chefs-d'oeuvre qui ont paru avant que leurs auteurs aient trente ou quarante ans. Les extrêmes m'enthousiasmaient, le vieil Hugo comme l'enfant Rimbaud ou Laurent Tailhade, dont le ton mordant m'a vite séduit. Déjà, j'aimais le classique et le bizarre, pourvu que le style convînt à cette pureté idéale qui logeait dans mon esprit. Aux périodes de Chateaubriand répondaient l'ardeur du jeune Corneille et la hâte de Tallemant. Je note ici en clair ce que je ne faisais que ressentir à l'époque. Devant ces livres qui répétaient un peu toujours la même chose, le ton seul changeant, je me demandais : « Pourquoi eux, ceux-ci et non point d'autres, qui ne figurent qu'à titre épisodique

dans Calvet ? » Le nom de Benserade m'enchantait. Je
comparais quelques-uns de ses vers à ceux, si mortelle-
ment ennuyeux, de Malherbe. La postérité n'est-elle pas
trop injuste ? J'ai compris depuis que, dans l'ensemble,
nous ne lisons que les auteurs qui correspondent à l'idée
que les « savants » se font de la littérature. Les écrivains
qui comptent pour moi aujourd'hui, on ne les rencontre
jamais dans les couloirs de la Sorbonne, ou d'ailleurs.
Saint-Simon, Montherlant, Léautaud, âmes fortes et soli-
taires. Noms trop lourds pour les estomacs des
professeurs, qui ont presque tous, au repli d'eux-mêmes,
l'amour des slogans et de la paresse. Quelques pontes, à
la fin du siècle dernier, ont décidé, une fois pour toutes,
qu'il fallait lire Mme de La Fayette plutôt que Mme du
Deffand. C'est ainsi que la froideur, baptisée passion,
fait les délices des jeunes cerveaux. Les bibliothèques se
forment à partir du goût des autres. Je ne sais comment
Tallemant était entré dans celle des Pères. En
catimini, sûrement, dans son costume jaune-Garnier. Les
pages n'en étaient pas coupées, non plus celles de Chateaubriand ou de Sainte-Beuve. J'appris à lire les écrivains
en fonction de leur époque, à penser à Chateaubriand
en fonction de Fontanes, à Sainte-Beuve, avec à ses
côtés, Hugo et Royer-Collard, à Tallemant, à l'ombre
de Richelieu. Le génie l'est d'abord dans son temps.

   Pourquoi l'un échappe-t-il à l'oubli et l'autre pas ?
Dans notre langue, ce qui est beau et vrai (le vrai plus
vrai que le beau) c'est le naturel. L'enfant est naturel.
Il ne sait que cinq mots. Dès qu'on pense connaître une
langue, on recherche les beautés du style, les tournures
complexes, les mots rares qu'on croit chargés de sens. Plus
on vieillit, plus on lit, moins on affecte de savoir, plus on
revient au mot simple qui dit ce qu'il a à dire et s'épa-

nouit dans son contexte. Le français est vrai ainsi. Il s'est toujours moqué de la préciosité et du pouffisme. Prenez, dans les *Nourritures terrestres,* la description que fait Gide de l'enfant italienne qui se jette dans l'Arno. Rien de plus simple, de plus direct, de plus ordinaire. Une lettre. Le style épistolaire est le seul valable, puisque tout auteur écrit à quelqu'un, à son cher lecteur, à cette âme-frère ou soeur, qui prendra le livre ou la revue ou le journal, et lira. Les années passent. Qui lira-t-on, de nous tous, dans un demi-siècle ? Au Québec, la situation du langage ne peut qu'évoluer. Si on parle patois institutionnalisé, dans cinquante ans, tout disparaîtra de ce qui intéresse aujourd'hui, les écrivains français devenus incompréhensibles tout à fait, les demi-patoisants à peine lisibles, puisqu'entachés de grammaire française. Nos efforts auront été vains. Nous sombrerons dans le néant, faute d'avoir lutté et vaincu. Peu importe ce que nous avons à dire, et qu'avons-nous à dire ? Il ne s'agit pas de faire triompher des idées, mais un langage. Parfois, mon coeur faiblit, l'espoir me quitte et je pense qu'au milieu du vingt-et-unième siècle, nous serons des Américains comme les autres. L'Amérique n'était pas digne du français. Nous n'étions pas dignes de l'être. Soyons donc résolument Américains. Quelques savants liront nos livres, quelques Chinois férus de France qui viendront en terre canadienne retracer les étapes de nos abandons. Aux autres peuples, nous servirons de leçon de choses. Choses nous serons devenus, en effet.

Un écrivain qui ne survit pas à ses oeuvres, à quoi donc aura-t-il servi ? Gide enfant lisait Saint-Marc Girardin. Dernière génération de cet auteur dont le nom ne surgit sous une plume qu'au titre du vide. Au dictionnaire, il devrait suivre Saint-Amant et précéder

Sainte-Beuve. Je n'ai jamais lu une ligne du premier,
dont la vie rocambolesque fait le pendant de celle de
Mme de Rambouillet ; jour et nuit. Pourtant Arsène
Houssaye, jeune, imitait Saint-Amant aussi bien que
Ronsard. De Sainte-Beuve, au contraire, d'innombrables
pages narratives où, sous prétexte de critique, renaissent
hommes et époques. Il sauve Saint-Marc-Girardin de
l'oubli. Je me lève, je prends le *Cahier vert* sur le rayon,
l'ouvre au hasard et trouve Saint-Marc : « Saint-Marc
Girardin paraît n'avoir jamais éprouvé à un haut degré
les passions ni les qualités chaleureuses de la jeunesse : il
est de ceux qui ont commencé de très bonne heure leur
seconde saison. » Et sur le critique : « Le choix des raisons dans Saint-Marc est tout artificiel ; il prend ses
exemples n'importe où à l'appui d'une thèse acceptée
d'avance. » En deux phrases, on reconnaît l'homme à
qui manque le naturel du coeur, la générosité d'esprit.
J'en connais, de ces pontifes, qui naissent vieux et se
prendront au sérieux toute leur vie. Les professeurs, dans
l'ensemble, sont coutumiers du fait. J'ai choisi de le
devenir moi-même, pour les étudiants, non pour mes
collègues ! La mode veut qu'aujourd'hui, les femmes se
déguisent en hommes : pantalon, chemise, cravate, la
poitrine plate, cheveux courts. A une réception de
l'Académie, l'une de ces femmes-garçons s'approche de
moi. Elle enseigne et, m'a-t-on dit, pleure en expliquant
certains passages de Zola. Tout se tient. Elle vient vers
moi. Je lui dis : « Bonjour, jeune homme. » Stupé-
faction et d'elle et des admirateurs qui entouraient sa
personne. Elle proteste. « Vous êtes méchant ! » Cette
dame écrit. Elle n'ira pas loin, avec un pareil sens de
l'humour. Elle doit joliment se prendre au sérieux. Je
n'ai pas lu ses poèmes, d'inspiration biblique. Il faut dire

que dans la Bible non plus, on ne rit pas beaucoup. Qu'adviendra-t-il de cette poétesse costumée en premier communiant. Ses oeuvres périront comme elle ? A quoi aura-t-elle servi ? Et moi ?

Nous nous retrouverons humus, elle dans son déguisement, moi dans le mien. Ou les déguisements resteront, ou rien. C'est ainsi que les écrivains se confondent avec leurs lecteurs, les uns ayant aspiré à une éternité qui ne soit pas la coutumière, les autres leur servant de tremplin. Trop souvent à notre goût, le tremplin se brise. Le public engage avec l'écrivain un faux dialogue. Imagine-t-on Shakespeare, ou Balzac, écrivant pour un public formé dans les CEGEPS du Québec ? Ils n'écriraient comme la plupart de nos contemporains, que des fariboles. On me reproche, dans les milieux de la gauche visonnée et hargneuse, de m'adresser à un public bourgeois. J'écris afin qu'on me lise et qu'on réagisse. Une amie me téléphone et me reproche d'avoir confondu Françoise et Céleste Albaret. Cela m'avait échappé. Voilà ce qui s'appelle lire. Un inconnu m'indique qu'au théâtre, Hubert et la doctoresse Sauvageot sont assis devant puis derrière Estelle et Delloise ; enfin ce n'est pas clair, il y a ambiguïté. D'autres décortiquent les personnages. Alice Parizeau lit *En noir et blanc* et me dit : « Je connais ces maisons. Celle d'Estelle leur ressemble, avec son jardin et la Rivière des Prairies, dans son mouvement si particulier. J'ai sonné à presque toutes les portes à l'époque où Jacques y faisait campagne. L'atmosphère y est, ainsi que les arbres et, l'automne, la boue dans les sous-bois. » Robert Rumilly me reproche le contraire. La vérité est dans le détail. Tout le monde vante la broderie d'une de mes nièces, pas moi, car son travail est grossier. Lorsque la fin se dessine, on sent qu'elle a brodé plus vite. Le public et ses confrères. L'intelligence des autres, dit Nietzsche, se greffe sur la vôtre et l'enrichit. Mais quel confrère lira mes livres ? D'ailleurs, que faire du jugement littéraire de nos tâcherons ? Un quidam a écrit de moi que je n'avais pas de postérité. Joli jugement littéraire où perce la jalousie de l'homme qui, pour son malheur, a des enfants ! Ma postérité, ce sont ses fils. Et encore, s'ils savent lire. Peut-être, lorsqu'ils auront quarante ans, ne lira-t-on plus, partout, que les gazettes ? Lorsqu'on vit dans une époque de décadence comme la nôtre, à attendre l'arrivée des Barbares (encore s'ils étaient Barbarasques !) l'une des choses les plus tristes, c'est de ne penser à l'avenir que sous forme d'un nuage noir. Pourquoi les enfants de ce pauvre hère ne liraient-ils pas, ou ne liraient-ils que des gazettes ? L'un d'entre eux, qui me ressemble peut-être, est sans doute assis, au moment que j'écris ces lignes, un livre sur les genoux, qui rêve d'épopée ou d'amour, comme moi à son âge. Il apprendra vite que les livres sont la source la plus vive d'émois, de compréhension des êtres, de consolation lorsqu'ils vous trompent, d'espérance lorsque vous les aimez, de rigueur lorsque vous devez oublier. Ce n'est pas peu. Vous entrez chez quelqu'un. Assis dans le salon, vous attendez. Sur un guéridon, une boîte à musique. Vous écoutez la ritournelle qui remplit la pièce de son timbre brisé, de la mélancolie de son rythme. Ainsi du livre. Vous êtes dans le train. Vous vous installez. Vous ouvrez votre valise et prenez le livre que vous lirez pendant le long trajet qui commence. C'est une biographie, un roman, que sais-je ? Vous lisez, vous vous perdez dans l'âme d'un autre. Vous oubliez qui vous êtes. La lecture est cet oubli. L'autre nuit, je m'éveille. J'allume et lis, au hasard, dans l'*Anthologie* de Van Bever et Léautaud.

Je tombe, comme au coin d'une rue, sur Laurent Tailhade. Il me raconte des histoires : une promenade urf au Bois, une visite au Louvre où une vieille Anglaise repeint la Noce de Cana au fond d'une soucoupe, un voyage en bateau sur la Seine en compagnie de Japonais. La vie, voilà ce que me racontait Tailhade, ce vieil ami. Je l'écoutais, en ouvrant les yeux tout grands comme autrefois et en souriant car pendant que je lisais ses vers, le jour avait paru et ma chambre était inondée de lumière.

Musique

J'ÉCRIS. Pourtant, c'est la musique qui m'inspire, le mouvement de la mathématique des sons. Enfant, j'écoutais (comme des milliers d'autres enfants depuis un siècle) la *Prière d'une vierge*. Malgré le silence respectueux de la famille, j'en pressentais le ridicule. Il me fallait autre chose que cette lamentation. Très tôt j'ai su faire la différence entre ces jérémiades et l'*Oiseau prophète*. Vers 1950, au cours de l'été, je suis allé passer quelques jours à l'Abbaye de Royaumont. Je me souviens du silence et des formes de Nadia Tagrine. En fin d'après-midi, un pianiste improvisait, imitant les styles des musiciens. Je reconnaissais sans faute l'accent. C'est alors que j'ai compris : les hommes ont tout dit, il n'y a rien de neuf que le style. Où ai-je lu (c'est peut-être dans une lettre de Degas) qu'on apporta un jour à un mathématicien le manuscrit d'un ami. Ce n'était qu'hiéroglyphes. Le savant se met à lire. A chaque page, il éclate de rire. Sous les chiffres, l'esprit perçait et son collègue avait un style inimitable. La musique n'est-elle pas cette voix ? Bach fut mon premier amour, avant Schubert et les chansons de Gabriel Fauré. J'attendais Pâques avec impatience afin d'entendre à la radio, retransmise de New York, la Passion selon Saint Mathieu. La voix chaude et métallique du narrateur me faisait frémir, et lorsque le Christ intervenait, il me paraissait que Dieu était à mes côtés. Le Christ parle peu, autre effet de l'art. Ce qu'il dit n'en prend que plus de relief, voix de basse, lenteur de l'élocution. Ces foules bruyantes dans la démence. Elles crient, elles s'agitent et c'est fini. Mais le mal fait est irréparable.

Ce sont les lois des contrastes qu'on trouve dans toutes les oeuvres d'art. L'esprit ne peut soutenir longtemps une seule vérité ou la passion continue à un certain diapason. Il lui faut le jeu des blancs et des noirs. *Carmen,* comme la *Flûte enchantée,* sont des exemples parfaits de cette alternance. On y trouve le jour et la nuit, donc la vie. A Hammamet, je me lève avant cinq heures. Je monte sur la terrasse. Les étoiles sont dans le ciel, Véga et la Lyre. Il fait nuit. Le village repose dans une torpeur humide et bleutée. Devant moi, la mer et ses bruits, derrière, une forêt d'oliviers et de citronniers avec, au loin, la montagne qui ressemble à une pyramide inca. C'est le spectacle le plus beau que connaisse mon coeur. Je regarde, debout, accroupi, peu importe, cette nuit qui va disparaître. Je la regarde comme le font les gardiens des villas environnantes, ou les pâtres et leurs troupeaux, dans la montagne, ainsi que le firent, avant nous, des millions d'êtres primitifs. Sérénité de la nuit. J'y ai souvent eu peur et n'ose m'aventurer dans les bois qui m'entourent. En démolissant une tabia dans mon jardin, on a trouvé un scorpion et une peau de serpent. Rencontres rares et antipathiques. Après ma contemplation, je rentre me coucher. Lorsque je me lève, le soleil éclate partout. Les fleurs en ont déjà pris leur parti, le gazon est sec, les jardiniers sont à leur poste, on voit, par-dessus les haies de meoporum, leurs grands chapeaux de paille qui s'agitent. On les entend. Ils parlent. « Labès ? » Tout va bien. Le jour est là. Ce passage d'une vie noire à une vie blanche, n'est-ce pas le principe de la musique ? Tout est ordonné dans la densité des rapports qui se complètent, se répondent, l'un donnant à l'autre sa raison d'être, ainsi qu'un couple qui se regarde et qui s'aime, Tamino Pamina, Papageno Papagena, Carmen et Don José.

La musique des voix ne me charme guère, sinon parfois ces craquements obscurs qui font penser que les sons vont s'éteindre ; dans les chansons de Fauré, Alice Raveau ; en Sieglinde, Lotte Lehmann. Ce sont des exceptions. Les chanteurs croient que les musiciens ont écrit pour eux, fatale erreur. Le premier opéra que j'entendis, ce fut à Paris, *Pelléas et Mélisande* dans une interprétation filée, pur bavardage, où les interprètes refusaient de se situer en retrait. L'oeuvre était déchiquetée, la musique servant d'appoint aux effets d'un vulgaire marivaudage. Je suis parti. Debussy était pour lors « un dangereux révolutionnaire » dont la musique ennuyait. J'ai changé, mais je lui préfère toujours des musiciens plus conventionnels. Sans doute mon âme est-elle faite pour de moindres tourments. Tout est musique. Rien n'est beau si l'on n'y retrouve les muses avec, pour faire bonne mesure, Orphée. N'avons-nous pas perdu le droit à la présence orphique ? Cocteau fait figure de baladin avec son Orphée de pacotille. Les poètes, les compositeurs ne recherchent plus les noces du rythme et de la mélodie. Ils se disent, tels qu'ils sont, selon des règles nouvelles qui font de la musique un apanage de la psychiatrie. Le mesure est absente, partant la musique, en sorte que l'auditeur baigne dans un étang de cris, d'onomatopées, de sinistres grincements. La jungle n'est jamais loin ou le château de Barbe-Bleue. Ces exercices d'un style particulier permettent aux commentateurs de s'en donner à coeur joie, de faire appel au sens du moderne qui se cache chez chacun de leurs contemporains. Entre l'expression désordonnée d'un homme et le besoin que nous ressentons tous de nous perdre dans le magma des origines, cette nouvelle forme d'art crée un lien qui raréfie et ennoblit le créateur devenu mystagogue. Le mystère triomphe faute du talent qui fait jaillir la clarté. Orphée charmait les bêtes qui, par là, empruntaient aux humains l'intelligence qu'ils ont de l'ordre de l'univers ; aujourd'hui, le regard s'éteint lorsque jaillissent les sons.

Lorsque j'écoute de la musique mon bonheur naît du sentiment que j'ai d'être, pendant une heure, seul dans l'univers. Loin de moi les motifs de malheurs, la tristesse d'être, le désespoir. Celui d'être, d'avoir été créé, de marcher sur deux jambes et d'aimer. Il me semble que le noyé, avant que n'éclate le poumon, doit ressentir cette euphorie, plénitude de qui a trouvé ou retrouvé son élément vital. La vie consciente fuit de toutes parts. Par tous les nables, comme un bateau qui se vide. Il en va de même lorsque je sors de la musique. C'est fini, je suis mon propre radeau. Que reste-t-il, sinon le recours au rêve ? In situ ? En 1953, je quittai Paris, invité par des amis allemands et passai l'été dans les environs de Büren, en compagnie d'Egon v. Westerholt et d'Udo Störmer. La campagne westphalienne est un prolongement de la batave, les peuples y sont trapus, sérieux, aimables dans l'ensemble. Je faisais de longues promenades dans les environs d'Erpernburg, avec, trottant devant moi, un scotch terrier noir que j'aimais. En octobre, ce fut Munich, une chambre près de l'Université, des conversations avec Udo Störmer, et de la musique. Afin de parler allemand, je m'étais astreint à fréquenter une table d'hôte où se retrouvaient quelques étudiants étrangers ; la maîtresse de maison était musicienne et donnait des leçons de chant. Elle voulut m'entreprendre. Après des vocalises de politesse, je lui tirai ma révérence. C'était une femme forte, veuve bien sûr, qui ne comprenait pas qu'on puisse ne pas savoir chanter. A Paris, j'avais fait un peu d'accompagnement. Mal, en peinant sur le texte comme les chevaux de la fable. Les chanteurs qu'en principe je devais guider et soutenir ne pouvaient chanter de Schubert que les lieder les plus lents. Même le *Wanderer* devenait oeuvre d'enterrement. Mais je connaissais la musique. Mon hôtesse allemande avait donc décrété que je serais un second Chaliapine. Cette certitude était charmante. Je n'y donnai pas suite, puisque me voici, écrivant, entre huit et neuf heures du matin, jeudi 19 septembre 1974. Il fait beau, l'automne, déjà. A Munich, je mangeais, dormais, pratiquais tant bien que mal la langue allemande, et allais au concert. Ni l'opéra ni une grande salle de musique n'avaient été reconstruits et c'est dans un théâtre improvisé que j'ai entendu pour la première fois du Mahler, ou des extraits de *Lulu,* du Brückner ou du Max Reger, enfin, les dieux de la musique d'Europe centrale. Je baignais dans cet océan de sons auquel Wagner, au loin, répondait, depuis mon adolescence. La musique ici servait à exprimer autre chose que l'idée de musique, ou que le bonheur et le malheur de vivre. J'entrais dans un paysage intérieur où rien n'était laissé à la lumière. Triomphe d'une mort lente, cette musique est lourde d'un péché qui hésite à se dire. Peut-être est-ce, tout simplement, le péché de vivre. Cette crainte, ce refus de la vie, on le trouve déjà dans Wagner. Nietzsche a raison, non pas Adorno. Le romantisme macabre de *Lulu* m'avait frappé. J'y décelais la rage d'une civilisation qui courait à sa perte, en le sachant, sans pouvoir mettre les freins. Jupiter énerve ceux qu'il veut perdre. Nous assistons aujourd'hui au même phénomène. Des hommes et des femmes, que rien ne prédisposait au nihilisme, se retrouvent dans les rangs

du démon destructeur. Comme Tolstoï (Charles du Bos)
ils ne peuvent plus rien goûter. Ils ont trop mordu à la
vie. Tout est fade. Il ne leur reste plus que le bonheur
des camps, de la torture et de la mort.

Egon Friedell a noté la volonté du romantisme de
se situer hors du raisonnable. Notre époque a atteint le
lit du précipice romantique. Nietzsche en est l'exemple
total : le romantique qui refuse le romantisme et se croit
une âme de classique. C'est pour cette raison, inconnue
de lui-même, qu'il adorait *Carmen*. Il s'y retrouvait dans
la plénitude de sa souffrance, au coeur de sa brûlure. Ce
n'est pas Carmen qu'il aime, mais Don José, homme faible devant la femme forte. D'une certaine façon, le
romantisme est la forme moderne de la peste noire. Il a
fait sortir de l'homme ce qui était en l'homme, mais bas-
sement en lui. Nous possédons des pouvoirs infinis de
participation à la vie de l'univers. Nous sommes, comme
dit la Bible, au sens le plus strict, poussière. Le palais
de Mycène était un charnier. Le romantisme a fait
exploser en l'homme ce qui le détache du monde, surtout sa protestation contre la mort. L'homme lutte comme si, miraculeusement, il pouvait survivre. Il ne le peut
pas et il mourra. L'énergie qu'il projette de tous côtés,
ne lui servirait-elle pas mieux à connaître son âme et celle
des autres ? Nous ne savons rien de la télépathie, des
rêves, de ces voix obscures qui, du fond de l'esprit, montent pour nous guider. Elles parlent, mais nos oreilles, qui
n'ont l'habitude d'entendre que des sons forts, ne soupçonnent pas qu'on leur parle. L'homme vit seul avec sa
mort, dans la pathologie du quotidien.

Une aurore, à Gabès, mais le soleil n'avait pas encore
paru, je m'éveille au son de cris et de hurlements qui me
venaient de la rue. La chambre de mon hôtel donnait sur

le canal qui sépare la ville de l'oasis ; entre l'hôtel et le
canal, cette venelle qui débouche sur un carrefour. De la
fenêtre, une forêt de palmiers se balance avec la mollesse
indifférente de toutes les palmes. La veille, avant de rentrer, j'avais vu des équipages dans la rue et quelques
voitures qui klaxonnaient sans énergie. « C'est un mariage de pauvres », m'avait-on dit. Je n'y avais pas autrement fait attention. A l'aurore, ce même cortège nuptial
reparaissait. Pas de voitures, ni d'équipages. Dans la rue,
je voyais passer une troupe indistincte, faite d'hommes et
de jeunes gens, certains portant des turbans, d'autres la
djebba, d'autres en tenue européenne ; de femmes aux
formes indécises sous les voiles ; d'enfants. On aurait dit
un énorme animal sans colonne vertébrale qui s'agitait
en criant. Que dis-je, en criant ? Cette musique m'avait
réveillé et je ne puis en reproduire l'émouvance. C'étaient,
au son du tambour et de castagnettes, des cris spasmodi-
ques qui montaient jusqu'au ciel. Les voix des femmes
l'emportaient, d'un aigu tragique. Pendant qu'elles hur-
laient, la voix des hommes, comme une basse continue, ne
cessait d'avancer et de soutenir le texte. En sorte que la
chanson elle-même mimait la nuit d'amour des époux.
Aux ululements hachés, aux reprises du souffle, à l'élan,
à l'essoufflement criard, répondait la douce fermeté d'une
démarche qui n'aura de cesse que son but ne soit atteint.
Les tambourins et les tambours reprenaient le manège,
selon d'autres rythmes, en sorte que quatre voix, avec des
variations improvisées à l'infini, allaient leur chemin,
sans tenir compte les unes des autres, et pourtant elles
montaient et descendaient ensemble, jusque dans le moindre détail des inflexions. Penché à ma fenêtre, je regar-
dais disparaître au carrefour cette foule plus noire que la
nuit finissante. C'était l'Afrique, avec ses cris millénaires

et ses odeurs de fauves. Il me reste de cette vision un sentiment souverain de pureté, comme si, par elle, j'avais remonté le cours du Nil des âges, jusqu'au creux des jungles, là où naissent les chansons. L'essence du temps des hommes avait défilé devant moi, par cette fin de nuit d'été, portée par un cri multiple où se confondaient les ondes de la vie et de la mort. A la fenêtre voisine de la mienne, écoutant et regardant comme moi, d'autres hommes, des Arabes, souriaient avec un peu de honte, mécontents qu'un étranger ait assisté à ce spectacle. Ils ne savaient pas que je ne me sentirais jamais quitte. Ils ne voyaient pas le creux de mon âme. Moi non plus et pour mieux le contempler, je suis retourné me coucher. N'y ai-je pas vu ces danseurs de nouveau s'agiter sur la route comme un serpent (et c'étaient les mêmes soubresauts, les mêmes reprises vertébrales), fils de la terre d'Afrique ? Les mythes les plus denses sont ceux de l'enfance de notre race, ces cris sont sortis, ont traversé les déserts et sont venus se perdre, au bord d'une oasis, afin qu'une mariée soit heureuse dans les bras d'un époux que le destin lui impose. Les Arabes du balcon voisin, repus et recouverts d'un drap, dans la chaleur mourante de l'aurore, en transit depuis la Lybie, ne rêvaient que voitures, alcools, femmes grasses et blanches. La caravane de l'histoire défilait sous leurs yeux et ils la rejetaient, parce que c'était leur histoire. Ne donnais-je pas dans l'acceptation béate du mythe ? N'étais-je pas emporté par l'ouragan des rêves qu'avait déclenché ce chant venu du désert ? Etais-je moi-même ? Accoudé à cette fenêtre, devant le balancement des palmes dans la nuit, n'étais-je pas soudain devenu un autre, intemporel, sablonneux, enfant des mirages ? Revenons au réel. J'ai grandi à l'ombre d'un peuplier, qui masquait la fenêtre de ma chambre, et le mot « Italie » ne s'appliquait qu'à lui. Si mon enfance avait connu des mythes, c'eussent été ceux de la forêt. J'aurais grandi comme Weber et les romantiques allemands avec, au centre de l'être, les murmures féeriques des forêts du Nord. Il n'en a rien été. La civilisation française, perdue en Ontario, aux confins du vrai Septentrion, aux cités de Borée étendu de tout son long, cette civilisation n'était pas encore revenue de se trouver là. Parfois, mon père, pour ses affaires (nous sommes avant 1934, date de sa mort) devait traverser un lac, en raquettes, par les neiges d'hiver. Ma famille, dans la maison de briques bien chauffée, avec son piano et, au mur, des peintures et des pastels, avait souvent peur, personne ne sachant à quel moment l'idée allait prendre à mon père de se jeter à grands pas sur le lac de glace et de neige. La neige. N'est-ce pas la raison pour laquelle, aujourd'hui, aux palmes et à l'eau de la Méditerranée répond un mouvement violent de tout mon être ? La blancheur de la neige ne m'émeut pas. Sans doute ne lui pardonné-je pas d'avoir obligé ma mère à vivre, des années durant, à l'ombre de la mort. Le vieux capitaine n'enlève jamais sa casquette. Comme dit Montherlant, le tombeau n'est pas une solution.

Ni le regret, ni la tristesse qui se nourrit d'elle-même. Je ne ferai revivre mes parents ni par les mots, ni par la musique. Orphée descendu aux Enfers y restera, avec ou sans Eurydice. Il y aurait une pièce à faire là-dessus. Il arrive, fanfaron, sa harpe sous le bras. Il joue et chacun continue de vaquer à ses affaires. Les gens qui l'entourent disparaissent, l'un après l'autre, derrière un rideau et une porte. La musique d'Orphée ne sert qu'à masquer les gémissements, lui, bien sûr, n'entendant que le son qu'il produit. Son tour vient, on tire le rideau, on l'appelle et

il disparaît. Qui retrouve-t-il, porte fermée, sinon la
bonne conscience de l'Inquisition moderne ? La droite
tue, avec mauvaise conscience, par nécessité politique. La
gauche torture, en se donnant toujours raison, pour
anéantir l'Idée, ou le chant. Tout esprit libre scandalise
l'univers lorsqu'il dit que l'Espagne de Franco est un pays
plus libre que les « démocraties populaires » de l'Est euro-
péen. La petite bourgeoisie intellectuelle aimera toujours
sentir autour de son cou la corde qui se raidit et, sous ses
pieds, s'ouvrir la trappe. C'est ce qu'on appelle le sens de
l'infini.

Je vis, depuis mon enfance, dans l'amitié inaltérable
d'un compagnon en musique et en poésie, Guy Lafond.
Que de fois je l'ai vu au piano exprimer, par osmose
d'affection, précisément ce que je sentais. Nous avons
partagé une chambre d'étudiants, rue Saint-Denis, à
l'époque où il commençait ses études au Conservatoire.
Je rentrais de la Faculté, le soir, aux sons de Bach ou de
Chopin. Les Ballades me faisaient rêver. J'ignorais tout
(1946) de la vie, de l'amour, des peines dont mon coeur
était le porteur et qui allaient, peu après, s'emparer de
lui pour toujours. Je vivais tout cela avec passion et
pourtant comme en me moquant, triste et gai à la fois,
dans une chambre du fond, en écoutant Chopin après
Czerny et Czerny après Chopin.

Depuis, j'ai tenté de donner vie à une pianiste, Estelle. J'en ai fait un être de quarante ans que, pendant
un mois, dominent le besoin d'aimer et celui de la chair
fraîche. Sans le savoir (et c'est ce qu'elle veut) elle
choisit d'aimer un jeune homme fier, fourbe et niais. La
musique l'emportera, puisqu'il le faut, dans mon univers
de morale où les préceptes ont la force d'un rescrit.
Ai-je eu raison ? Moi, mettre en scène une femme, qui

les connais si peu. Quel homme les connaît ? Lequel
peut se piquer de cela ?   Estelle aime Fauré et Schubert,
attirée sans doute par les cris âpres de leur féminité.
Heureuse aussi de se trouver dans un univers où il n'y a
aucune faute de goût. Dans la musique, elles sont plus
impardonnables que partout. Dans le *Zarathoustra*,
Richard Strauss a intercalé une valse, qui devient par la
suite, une bacchanale. Bacchus et Biedermayer ! Pauvre
Nietzsche qui, de sa vie, n'avait jamais dansé, le voilà qui
valse dans les bras du Zoroastre. Spectateurs privilégiés :
Hermès Trismégiste et Jésus, ce dernier qui s'amuse beaucoup. Quelle vengeance du talent sur le génie ! Il en va
toujours de la sorte dans la vie. Les portes de l'enfer
s'ouvrent, et quelque Richard Strauss offre à Nietzsche
de la guimauve.

Nuit

UNE CERTAINE LASSITUDE mène à la nuit. Le jour la prépare, dès l'apparition du soleil. Pourquoi s'éveille-t-on ?
On dort, dans un silence d'ouate, le ciel n'aura plus
aucune aurore, le noir perdure qu'animent des songes.
Je n'aime la nuit que pour le sommeil et ses plaisirs, non
pour le travail. Il serait intéressant de savoir comment
les écrivains et les hommes d'Etat meublent les ombres.
L'amour, bien sûr, au début de la vie, lorsque la nuit
tout entière ne suffit pas. L'amour, bientôt, c'est en
fin d'après-midi, quelques instants de havre avant d'aller
dîner. On en vient vite au cri de Méphisto : « Adieu
les nuits d'amour ! » L'amour fait place à autre chose.
Napoléon travaillait la nuit afin, disait-il, que les Français puissent dormir en paix. Quel farceur ! Quel mépris ! On imagine la scène. Je ne connais de Napoléon
que son cabinet de travail de Malmaison, avec l'anti-
chambre. Ce qui frappe, c'est la petitesse des lieux. Ils
sont comme investis par la maison elle-même, Joséphine,
le jardin, la campagne, les propriétés alentour. Napoléon
devait s'y sentir protégé par son monde à lui, la société
de chaque jour, sur laquelle il pouvait compter, qui le
trahit sans le trahir. On a la même impression à Versailles, dans le cabinet de travail de Louis XVI. C'est là
qu'il organisa l'indépendance américaine, là qu'il vit s'en-
richir la France et se décomposer sa dynastie. Partout la
solitude, celle du pouvoir, celle du créateur. Les adieux
de Louis XVI à son cabinet de travail. Autre scène d'imagination de nuit. En eut-il le temps, emporté par le

vif de l'histoire ? Il y avait passé sa jeunesse, à maîtriser
un métier pour lequel on l'avait peu préparé. Là aussi
s'écoule le début de son âge mûr. Travail fécond,
nature riche puisqu'il a appris à bien affronter la mort,
cette autre nuit. A sa vie ordinaire répond une mort
sublime. A la trajectoire lumineuse de Napoléon répond
la banalité du lit. L'un après l'autre, Louis XVI et son
successeur s'enfoncent dans le noir.

L'éclairage a changé nos nuits et leur a enlevé leurs
figures. Autrefois, l'ombre l'emportait et, dans un salon
bourgeois de Coblence, au début du dix-neuvième siècle,
les personnages se détachent de la pénombre pour accéder
à la lumière. Il y a la cheminée, premier foyer de clarté
et, loin de ce groupe qui se chauffe, une table avec des
bougies. Entre table et cheminée, une zone d'ombre qu'il
faut traverser pour aller d'un groupe à l'autre. Sous cet
éclairage, tout devient intime. Lorsque Don Quichotte
ou Jacques et son maître arrivent dans une auberge,
qu'ils y dînent, qu'ils y dorment, c'est, pour ainsi dire,
dans le noir. Le regard du commensal qui, dans l'inconnu
qui s'assied à la table d'hôte, reconnaît Vautrin déguisé
en prêtre, ce regard est particulièrement aigu. Jusqu'à
l'invention des lampes à gaz, à leur emploi généralisé par
Napoléon, dans Paris, la nuit existait entière. Napoléon
est le grand destructeur de la nuit. Aujourd'hui, que vous
n'allumiez pas lorsque tombe la nuit, vos invités frémissent. Les rabelaisiennes dames Lanternes mangeaient, la
nuit, des mets exquis, comme de la mopsopige et des
gringuenauldes à la joncade. Beaucoup d'autres choses
encore. Tout leur semblait bon, et tous les chats gris. Il
faut aussi voir Goethe, qui ne mangeait jamais le soir,
moucher les flambeaux pendant que ses invités faisaient
honneur à quelque weimarienne mopsopige. Ou leur

offrait-il des gringuenauldes à la joncade ? Eckermann
n'a pas conservé les menus. Goethe, auteur, comme
Hugo, de nuit. Il se déguise et court les rues. C'est ainsi
qu'à Zurich, il voit Lavater pour la dernière fois. « Il
marchait comme une grue », dira-t-il, et disparaît dans
un sentier, crainte que Lavater ne le reconnaisse. Quel
déguisement ? Voilà ce qui m'intéresse. C'est un fait que
tout homme qui sort seul, le soir, dans la ville, cherche à
dissimuler qui il est. Pour peu qu'il ait la taille encore
mince, l'homme de cinquante ans s'habillera en gamin,
souliers de tennis et coupe-vent. A la nuit répond le goût
du masque et du travestissement. Toutes les rencontres
sont possibles, lorsqu'on est autre.

Aujourd'hui, la nuit est pareille dans toutes les villes
du monde. Ce sont les mêmes enseignes multicolores qui
vous répètent, de Delhi à Mexico, les mêmes slogans.
Chesterton visite New York. Ses amis américains lui
montrent Times Square : « Qu'en pensez-vous ? » — « Je
serais enchanté, répond Chesterton, si je ne savais pas
lire ». La bêtise a triomphé par la lumière. Elle a gal-
vaudé la nuit. Chez des amis, comme autrefois à
Coblence, (nous sommes à Montréal) la lumière crue des
lampes fait ressortir ce qu'il y a en vous de défait, les
rides, le regard qui se ternit, les cheveux qui agonisent.
Il n'y a plus de jolies femmes que fraîches, à la peau bien
lisse, aux seins fermes. La grâce, qui est pénombre, a
disparu. Aussi chacun cherche-t-il à se rajeunir, afin
d'affronter cette lumière, qui est, à minuit, celle des
arènes. L'équilibre de nos vies a été rompu. Satan ne se
nomme-t-il pas lui-même, avec cette affectation ironique
qu'il affectionne, le Prince des lumières ? Et ce « Siècle
des Lumières » qui a remplacé « l'éternelle Nuit » ? Et

nos provocateurs, Diderot, d'Alembert, Voltaire et Rousseau, qui portent le dais de leur Prince ?

L'idée de forêt est soeur de celle de nuit. Chez
Victor Hugo, les cavaliers traversent au clair de lune les
bois épais ; et les brouillards du Roi des Aulnes ? Où
ai-je vu cette toile terrible de Magnasco : Une rencontre ?
Au coeur de la forêt, une enfant, assise sur une pierre,
avec, en face d'elle, un mendiant armé d'un gourdin. On
imagine le reste, qui est le pire. La forêt tragique entoure
la clairière. On y devine l'âpreté de toutes les vies. Aucun
quartier. Rien sinon la pure volonté de survivre. Qui
oserait s'y aventurer, sinon, par l'imagination, un Rodol-
phe Bresdin ? Et lui, ses taillis sont si denses que personne
ne peut les franchir. Ses forêts sont des jungles euro-
péennes, domaine privilégié de l'ombre. Nos ancêtres y
ont vécu ou les ont traversées, en route vers Compostelle.

Le propre de la nuit est de se susciter et de se défaire
à la fois. Nous aspirons à ce qu'elle disparaisse, par crainte
de retourner au chaos, sans nous rendre compte que ce
chaos, nous l'habitons en plein. Les astres, à la faveur des
hécatombes de la dernière guerre, ont retrouvé une grande
partie de leurs pouvoirs. Ce sont des astres problémati-
ques, que leurs serviteurs n'utilisent que par l'intellect.
Ils peuplent le ciel et, par réfraction, l'éclairent, sans que
nos astrologues modernes les connaissent. Celui de La
Fontaine, qui tomba dans un puits parce qu'il marchait
le nez en l'air, n'aurait plus cours aujourd'hui. J'ai déjà
parlé des nuits hammamétoises. Je sors sur la terrasse,
monte sur le toit. Le ciel est plein d'étoiles. On rêve
d'astronomie devant ces rets de lumière. Je connais un
astrologue, que rien ne passionne plus que le mouvement
des étoiles et leur rapport avec nos destins. Chaque homme est relié directement à un réseau de planètes qui

veillent sur lui, après l'avoir accompagné au moment
de naître. De cette complicité astrale procèdent en lui
accords et ruptures. Hé bien ! cet homme si féru de
l'infini céleste ne regardait pour ainsi dire jamais le ciel.
Surtout jamais il ne contemple étoiles et lune. Ce monde
physique lui reste inconnu. Il parle astres mais ne les
connaît pas. Pour moi, je me glisse seul dans la nuit,
m'assieds sur une voûte et me remplis de ciel. Moi aussi,
je crois aux astres, comme un fils croit à son père. Nous
sommes des particules d'infini ; eux de même ; ainsi que
le soleil, qui est la nuit renversée. Comment, et quand,
s'est fait, chez les humains, le passage de la considération
physique des astres à leurs révélations psychologiques ?
Qui le premier a senti vibrer en lui Jupiter ou Saturne ?
Qui le premier a rapproché son esprit de celui de l'univers, que le ciel symbolise ? Est-ce plus qu'un symbole ?
La nuit est-elle autre encore qu'elle ne semble ? Par-
delà l'astrologie, n'a-t-elle pas une dimension suprême ?

En somme, jour et nuit ne forment-ils pas qu'un
seul être, qui résume tout ? En Tunisie, par l'effet d'on
ne sait quelle alchimie, ni l'un ni l'autre ne comptent et
les heures passent sans qu'on sache où elles vont. On
s'astreint, afin de vaincre ce mensonge du temps, à exé-
cuter certains travaux à heure fixe : à dix heures, ce sera
la page quotidienne d'écriture, à midi, le bain, à cinq
heures, la correspondance. Peine perdue. Les jours et les
nuits vont, viennent et se perdent dans une masse indistincte, qui a nom, hélas ! Temps. Serait-ce que je vieillis,
vite, à la course ? L'homme ressemble à un voyageur
enthousiaste qui s'embarque pour un périple au long
cours. Que de valises, de sacs, une machine à écrire, des
cadeaux d'amis, des écritoires de maroquin et cinq cents
enveloppes ! Peu à peu, le superflu disparaît. En moins

de trois mois, il est passé des longues lettres, chefs-
d'oeuvre de description, aux cartes rédigées en séries, sur
le coin d'une table de marbre, à Khartoum ou à Limassol.
La machine à écrire, on l'oublie dans une chambre d'hôtel,
avec la maroquinerie ; on passe de trente-six chemises à
trois, lavables et sans boutons de manchettes ; les escar-
pins cèdent la place à une seule paire de souliers de tennis.
Il ne reste bientôt plus rien, sinon un baise-en-ville. A
chaque étape, on rachète, en livre de poche, quelque
Montaigne. On se dépouille afin d'échapper aux harpons
de la vie. Que les nuits sont belles lorsqu'on est volon-
tairement pauvre !

Ainsi de tout. Nous nous dépouillons du temps.
Il le faut. Les jours et les nuits, qui ne finissaient jamais
à vingt ans, se télescopent à quarante. Nous mendions
quelques instants de plus, sous la pluie, dans le vent, peu
importe, une seconde, Monsieur le bourreau ! La peur de
la nuit est la plus forte. L'enfant hésite à monter. Il fait
semblant de dormir. La grande soeur à peine repartie, il
s'accroupit dans l'escalier et écoute les conversations des
adultes, qui l'ennuient. Tout pour ne pas dormir ! Tout
pour échapper à la longue étreinte du sommeil.

Dans cette fuite en avant, que deviens-je, moi, avec
mes espoirs, mes rêves, l'ambition que j'ai de me délivrer
de moi-même par l'écriture ? Ô nuit, appareillons tous
deux vers je ne sais quelle côte ! Je vois une baie qui
reflète tous les soleils, des maisons blanches à perte de vue
et, sur les quais, des peuples qui crient et agitent des
drapeaux. Quel vainqueur acclament-ils ? Rêve d'épopée
où l'Orient se mêle au plus orgueilleux désir. Je veux
me retrouver là-bas, au loin, marcher dans le sable et
regarder la mer. La nuit me recevra alors généreusement
sous sa tente.

Est-ce la réponse à ce que je sens en moi ? J'en doute fort, puisque je doute de tout. Il n'en reste pas moins que la nuit, qu'elle soit noire ou blanche, aspire, pendant que passe le jour, une partie de ce que nous sommes. Nous vivons de jour en fonction d'elle qui vient à pas de loup. Au moment où nous nous y attendons le moins, tombe sur nous le crépuscule. Les lampes, au coin de la rue et sous nos fenêtres, s'allument, scintillent. Elles appellent le noir et définissent son domaine. Il ne nous reste plus qu'à attendre, souvent un verre à la main, qui ressemble à cette pièce de monnaie qu'exige Charon au moment du départ. L'entrée dans la nuit est le symbole du trek qui n'aura pas de fin. Elle vient, afin que lorsqu'il s'agira de partir pour toujours, l'homme se retrouve en pays connu. Dans les gares, les employés qui retournent dans leur banlieue se dirigent d'instinct vers le train qui, de toute éternité, semble-t-il, les attend. Nous partirons ! nous partirons ! Steamer balançant ta mâture, lève l'ancre ! Où irons-nous ? Où mène la nuit ? A quel port aborderons-nous, mains pleines ou vides, dans l'espoir ou la crainte ? Quelle plongée ! Pourtant, cela est certain, voilà un voyage auquel je n'échapperai pas plus que quiconque. Il faut donc que je m'y prépare. M'y préparé-je ? Çà, c'est une autre affaire. La nuit elle-même est là, qui m'empêche de penser à ma mort. Elle est là avec ses moiteurs et la mollesse du corps qui chavire. Que répondre à la voix des ombres ?

Ordre

RIEN NE SAURAIT REMPLACER une enfance heureuse. Il suffit d'écrire trois lignes, peu importe le sujet, pour qu'apparaisse l'enfance. Les eaux submergent la plaine et charrient tout sur leur passage, arbres, maisons, moissons, animaux domestiques, humains, tout file au loin. Telle est la puissance du souvenir.

Adolescent, comme tous les élèves des Jésuites, des « Pères », j'admirais la puissance d'enrégimentation fasciste. Pure propagande, bien sûr, mais qui sonnait vrai. Je serais Italien aujourd'hui (octobre 1974) je regretterais la disparition de l'ordre mussolinien. Il y a eu Lipari. Tous les régimes fascistes ont leur Lipari. Il y a deux ans, un jeune Roumain entre dans mon bureau. A sa mine défaite, je m'enquiers : que puis-je ? Il me répond que son père a été arrêté et qu'on l'expédiait dans les chantiers du Danube, aux confins de la Moldavie et de la Russie, pour y être esclave et y mourir. Il faut un contrepoids à l'ordre, qui est la liberté. Chacun a son ordre. Les Italiens d'aujourd'hui sont voués à la pauvreté, malgré leur intelligence et leur imagination, car il leur manque une terre riche. Tributaires des autres, ils ne peuvent échapper au régime fort, cette dictature qu'ils souhaitent. A peine Mussolini disparu, ils deviennent communistes. Ce sont les mêmes, à qui il faut une voix qui commande, qu'elle parle allemand ou russe, peu importe. Le temps des hommes libres est fini. L'Angleterre ? Après la dictature bourgeoise, voici la horde syndicale qui s'avance, casquée de plastique, et les oeuvres de Staline

sous le bras. A Montréal, on demande à un professeur de
lettres quels auteurs ses étudiants lisent : Balzac ? Non.
Montaigne ? Non plus. Les classiques ? Pas du tout.
Réponse : Marx et Gramsci. Le désordre est dans ces
intelligences. Ne rien savoir et trancher de tout ; ignorance prophétique. Le désordre, c'est la bêtise. Léon
Daudet a écrit : le coeur est à gauche, l'intelligence à
droite.

Cette boutade est délicieuse. Est-elle vraie pour autant ? Chaque homme est coeur et esprit. Les choix
érotiques et idéologiques relèvent d'autre chose que de
la raison. A l'Ecole Normale, entraîné par des camarades communistes, il s'en est fallu de peu que je n'aille
aider les Yougoslaves à reconstruire leur réseau ferro-
viaire. N'étais-je pas un spécialiste des chemins de fer ?
Peu après, Tito avait droit à l'anathème. Un je ne sais
quoi me retint de partir. J'allai plutôt à Goettingue,
avec Michel Foucault, y apprendre un peu l'allemand,
faire du théâtre d'ombres, marcher dans les parcs, lire
tout mon soûl. Au centre, toujours, plutôt qu'à la péri-
phérie du moi.

Chez les Jésuites, déjà, nous faisions du théâtre.
Pendant des mois, quelle effervescence ! Les élus, comé-
diens d'occasion, quittaient la salle d'études à cinq heures
et descendaient dans la cour de récréation intérieure, là
où se trouvait la scène, pour la « pratique ». Nous
riions, nous faisions les fous, entre les colonnes, cependant
qu'Hamlet soliloquait mordicus. Une année, ce fut
David Copperfield et j'y fus Mr Micawber, un Micawber
bien maigre, adolescent peu enclin à faire souche. Où
étais-je Mr Dick ? Je me souviens que j'entrais en scène
armé d'un filet. Je revenais de quelque chasse aux pa-
pillons. Mr Dick. Les propos qu'on me faisait tenir rele-

vaient de la démence. Au cours d'une discussion, je levais
l'index et m'écriais : « L'ordre ! » En réponse à quoi, je
ne saurais dire. Le Préfet de discipline de l'époque était
un homme d'ordre. Arrivions-nous au collège en retard,
au début de l'année, qu'il nous imposait quelque vilain
coin de dortoir, « Tarde venientibus ossa, » disait-il.
Nous baissions pavillon. Or, le soir de la première, au
moment de hurler: « L'ordre ! » je l'aperçus au premier
rang, avec sa barrette de Jésuite, sans pompon. Nous
échangeâmes un regard et je lançai *Ordre*, voix de sten-
tor, inflexions dramatiques. Ce mot qu'il choyait, ce
regard dirigé sur lui, l'intention évidente de se moquer,
tout le désignait aux spectateurs qui rigolèrent longue-
ment, à son grand dam, lui presque incapable de se tenir
sur sa chaise, mourant d'envie de rappeler ses étudiants
à l'ordre, incapable par amour-propre de le faire. Nous
ne fûmes jamais plus qu'ennemis froids et distants. C'était
ma dernière année, j'échappai à ses foudres. Je viens de
relire le chapître XIV de David Copperfield. Il erre sur
les routes, arrive chez sa tante, Betsey Trotwood, rencontre
Mr Dick, échappe à la vengeance des Murdstone et recom-
mence sa vie. Quelle merveille ! Ce Dickens, quel artiste !
Les romanciers victoriens adoraient ce personnage de femme mûre à forte personnalité, Betsey Trotwood, M^{iss}
Murdstone ; chez Trollope, Mrs Proudie, qui rivalise de
présence avec la tante de David Copperfield. Femmes
excentriques, qu'on ne trouve pas dans le roman français. La cousine Bette, dans sa logique, n'échappe pas à
sa gangue. Les rapports qui existent entre M^{iss} Trotwood et Mr Dick sont impossibles en français. Dans
l'histoire de France, avec une grande et exquise politesse,
il y a trop de sang. Je songe au masque de Robespierre
décapité, avec ses faux cheveux, séparés de chaque côté

du visage en bandeaux de crin, la mâchoire retenue par
une écharpe blanche. Le visage est d'une extraordinaire
beauté, large, les méplats prononcés. Ses yeux devaient
être immenses. La bouche est voluptueuse, ironique, non
pas cruelle, sensible. C'est la mâchoire gauche qui a été
fracassée. Il repose dans la chute de sa jeunesse et de son
intelligence. Un masque de mépris. Après la mort de
Danton, il a choisi une autre année de désordres afin de
consolider son pouvoir dans la peur. On dit que la peur
est mauvaise conseillère. Robespierre a voulu l'utiliser,
elle s'est tournée contre lui, a passé au service de ses ennemis, qui vivaient aussi d'elle. Barras, retour de mission,
Robespierre le reçoit froidement. Ainsi de tous les autres.
La peur viscérale l'emporte. Ils crient : Si cela continue,
nous mourrons tous ! Pendant les journées de Thermi-
dor, on n'entend que ce refrain. Le désordre est partout,
Michelet l'a bien saisi, le pouvoir nulle part. Robespierre,
que n'avait pas peur, a été paralysé par celle des autres.
La rançon du désordre, c'est la mort. Si Louis XVI, au
lieu de convoquer les Etats-généraux, avait conquis la
Sardaigne, la Révolution n'aurait pas eu lieu. La cocarde
est la plus forte et lui-même, en route vers une forteresse
de l'Est, faisait l'éloge de son style de cavalier. Il se voyait
à la tête d'une armée, fort de son droit. La faiblesse d'une
majorité aphone le mena à l'échafaud. Dans l'Histoire,
l'image de cet homme modeste éclipse, par le symbole,
celle d'un Napoléon. Louis XVI, issu du désordre fonda-
mental des esprits, victime de Rousseau, s'élève dans le
malheur. A Sainte-Hélène, Napoléon malade devient le
petit bourgeois que son génie l'avait empêché d'être.
Colonel à la retraite, son vrai destin. Seule son île le
transfigure. Louis XVI monte à l'échafaud. Il s'y décou-
vre, trop tard, un penchant pour l'éloquence. Hélas !

comme il avait quelque chose à dire, les tambours recouvrent sa voix. Les peuples n'aiment entendre que les orateurs insanes. Pourquoi ne pas le dire ? Je crois que tout est désordre et nuit. Comme la terre entière, j'ai la prétention de vouloir être heureux. Saint-Just nous a appris que nous avions le droit de l'être. La vie est pleine. de sentiers perdus qui nous permettent de nous enfoncer en nous-mêmes. Plume à la main, j'avance dans de vastes forêts. Est-ce là que se terre l'ordre de mon bonheur ? Je ne sais. Au hasard des rencontres, je le cherche dans des regards. Pour les corps, je n'y touche guère. Sera-t-il donc dans ma solitude ? « Ne me touchez pas », voilà ce que répète ma vie. Pourtant cette solitude ne m'apporte que l'image négative de ce que je cherche. Seul je ne suis jamais malheureux, au contraire de Mme du Deffand qui ne trouvait la paix que dans le bruit que font, autour de soi, les autres. Son regard était aveugle. Moi, c'est le coeur.

Père

AH ! MON PÈRE ! pourquoi êtes-vous mort si tôt ? Vous ne saviez pas que Pluton avait donné l'ordre d'avancer la barque, que votre place s'y trouvait, le visage contre le vent. Ainsi, l'hiver, quittiez-vous les bois pour rentrer à la maison, à grandes enjambées régulières de raquetteur. Ces forêts, vous les connaissiez et en redoutiez les maléfices ; mais combien plus terrible la solitude du lac Nipissing, en sa virginité. Pendant d'innombrables foulées, son étendue neigeuse refuse de s'abandonner au pas du marcheur. Sac au doc, la tête au chaud sous le chapeau de renard dont virevolte la queue, celui-ci avance dans la blancheur métaphysique. Autour de lui, des rafales de neige dansent, sifflent et disparaissent comme elles sont venues, happées par un ciel où le froid et le métal se répondent. Par leur tournoiement inutile, ces rafales ajoutent à l'uniformité du paysage que rien de vivant n'alimente. Les oiseaux dorment, au loin, sur la rive peuplée de bouleaux ; les loups et les renards n'osent s'aventurer au centre du lac ; sous la glace, les poissons reposent au fond d'une eau que rien n'agite. Peut-être l'un d'eux, à l'ouïe fine, éveillé, suit-il la trajectoire du marcheur. Un seul autre personnage, mirage du froid, habite ce lac où vous marchez, ô mon père, et c'est la mort. Elle prenait votre mesure et contemplait sur la neige votre ombre agile aux pieds de géant.

Vous quittiez le vent et la glace et abordiez à un rivage couvert de bouleaux et de cèdres. Encore cinq milles et c'était la maison ! La nuit tombe. Autour de

vous, sur la route (l'une des nombreuses routes qui mènent du lac au village) la neige commence à briller de
son éclat nocturne si particulier, alternance de taches
blanches et mauves qui se bleutent. Parfois, ô voyageur,
ne vous arrêtez-vous pas pour regarder le ciel et les
étoiles qui naissent ? Vous êtes là immobile au milieu
du chemin. Je suis votre fils. Moi aussi, lorsque je rentre
à la maison, le soir, je m'arrête, les mains dans les poches
de mon manteau, et rêve en regardant le ciel. C'est notre
Mecque. Mon sang, qui vient de vous, m'oblige à lever
la tête, debout, à rêver dans le froid. Les étoiles me parlent, que le ciel en soit avare, comme ici, ou prodigue,
comme là-bas. Sous vos pas, la neige sèche crissait. Les
lumières du village commençaient à luire parmi les arbres.
Une chambre chaude vous attend, dans une maison blanche où courent et rient des enfants. Une femme, jeune
et pleine d'enthousiasme, dans son intelligence, souhaite
votre retour elle aussi. Vous l'avez connue jeune et fière.
Vous entrez, providence et amour. En votre présence,
tout change, par l'affirmation de l'homme. Vous parliez
peu. Vous fumiez, assis près du feu, ou regardant par la
fenêtre, homme de peu de mots, au milieu des bruits
quotidiens de la maison, qui ressemblent si parfaitement
au silence. Ma mère vous parlait des enfants qui vous
parlaient d'eux-mêmes. Ceux qui vous ont connu vous
ont aimé. Je retiens de vous que vous adoriez rire et que
vous saviez d'instinct ce qu'étaient vos entours. Pour
vous, l'âme des autres avait peu de secrets. Vous sortiez.
Votre but ? Quelque garage où vous parliez auto et
politique, loin des grands courants du monde. A quoi
croyiez-vous ? Quel dieu guidait votre âme ? De vous,
je sais peu de choses. Vous êtes venu, homme de soleil et
d'ombre, et êtes reparti comme sans dire un mot. Pour-

quoi ce passage sur la terre ? L'homme est un chaînon.
Enigme que tout cela.

Lorsque je reviens chez moi, chez nous, dans cette
ville de l'Ontario où je suis né, je vais m'incliner sur
votre tombe. Vous êtes couché là, dans un cercueil ma-
gnifique, en pleine terre, à mi-chemin entre votre maison
et ce lac que vous traversiez autrefois. Vous dormez,
poussière, près de ma mère, de ma grand-mère maternelle,
de l'un de vos fils, eux aussi poussière. Une croix de pierre, vos noms. Autour de vous, des gens que vous avez
connus. Par les noms, les chiffres, les pierres, la vie continue. A droite et à gauche, le regard peut se perdre. Des
maisons, le ciel qui, soudain, tombe, le roulement du train,
les jours de vent, le vent. Chacun porte en soi un paysage.
C'est le mien. Non pas celui qu'à tous les autres, je préfère ; celui auquel tous les autres, dans la perfection des
ans, répondent. Sans celui-ci fait de tombes et d'air, les
plus subtiles rencontres du ciel et de la terre n'ont pas de
sens. Je sais où vous êtes mort, je ne sais pas où vous êtes
né. Il me suffit de me lever, de téléphoner, ma soeur
aînée me l'apprendra. Je ne le ferai pas. Vous êtes le lien.
Votre famille, le clan, ont suivi vers l'ouest la voie de
chemin de fer. Ma mère y vint, à vingt ans, comme
institutrice. J'ai vu des photos de vous, jeune homme.
Vous êtes beau et hautain. L'intelligence sur votre visage
s'affirme à l'état brut. Ma mère vous amusait, vous, intérieur, elle exubérante, dont le bonheur articulait le vôtre.
Comment ne vous imaginerais-je pas tous deux, au coeur
de l'émoi ? Elle écrivit à sa mère, à Montebello, qu'elle
aimait. Elle se maria. Vous vîntes chez votre belle-mère.
Le rire triompha de tout.

De vous, je n'ai que deux souvenirs. C'est l'été. Je suis avec ma soeur ; elle a huit ans, j'en ai six. Nous savons, bien sûr, lire tous deux. Nous avons fait notre première communion. Le catéchisme est sans doute notre fort, puisqu'il est question entre nous de « péché mortel ». C'était l'époque qui le voulait ainsi. Les enfants avaient peur du péché. Dès l'enfance, venait s'ajouter à leur sensibilité une épaisseur faite de crainte et de tremblement. Sans elle, il n'y aurait pas de poètes. Ma soeur et moi discutions ferme. Où en étions-nous de nos trouvailles augustiniennes ? Soudain, vous êtes là. Je revois votre silouette, en bras de chemise. Vous riiez. Peut-être nous aviez-vous écoutés. Nous sommes allés tous trois dans le boudoir. Je suis debout à vos côtés. Vous nous expliquez qu'il faut, pour faire un péché mortel, sept péchés véniels. Cette progression assure la paix des familles. Les lutins y songent à deux fois avant de s'engager sur la route des fautes graves. J'aime croire que j'ai hérité de votre esprit taquin. Quelques jours avant de mourir, mon beau-frère, m'entendant rire, dit : « C'est ton père. » On s'accorde, dans la famille, à reconnaître que je vous ressemble. La beauté en moins. Vous plaisiez, j'intimide. La nuance est sensible. Vous vous amusiez avec vos enfants, dans la lumière de l'été. Vous tourniez le dos à la fenêtre. A votre droite, le piano, à votre gauche, des fauteuils. Une portière de velours rouge sépare le boudoir d'une pièce à cheminée où vous aimez, le soir, fumer devant le feu. Deux chaises et un canapé de cuir rouge permettent de s'y retrouver, dans l'intimité, dans le noir où monte et vibre la flamme jaune. Bien plus tard, je rentrais, un soir de quelque promenade. Dans cette même pièce, devant cette même cheminée, je trouvai ma mère et mon frère Jacques, perdus dans une conversa-

tion à laquelle mon arrivée les arracha comme d'un rêve.
Lui était penché vers elle qui lui parlait à voix basse.
Que se disaient-ils ? Mon coeur jaloux, après les sourires,
m'obligea à fuir. Je partis quelques jours plus tard au
Guatemala et ne revins qu'en août. Ma mère mourut en
septembre. Depuis un an, elle savait qu'elle ne verrait
pas l'automne. Etait-il, entre ces deux êtres, question de
mort ? Par ce beau soir de juin, la mort rôdait pourtant.
Comme moi jalouse, elle quittait sa proie, quitte à revenir dans cette grande maison, sûre d'y retrouver, à l'heure
dite, ma mère enchaînée.

Cette maison, ce que vous avez pu l'aimer tous deux !
J'y vins, enfant qu'on transporte dans un panier. Je n'en
dirai pas plus, c'était un paradis. D'un côté, la rue, de
l'autre, un grand jardin, rempli de fleurs, de fruits, de
légumes, avec une tonnelle, une allée entre les lilas, une
vaste pelouse. L'été, nous sortions les chaises de rotin,
pour lire, bavarder, laisser passer les heures. Certains étés,
pour échapper à la canicule, ou par souci de santé, nous
allions « au lac » dans un chalet que nous louions, personne d'entre nous n'étant sensible aux agréments du bord
de l'eau. Maman regardait ses enfants, et le poulet mijo-
tait dans la cuisine. Nous le mangions de bon coeur.

Une nuit (j'avais huit ans) un bruit nous
éveille, ma soeur et moi. Nous couchions dans la même
chambre. Elle donnait sur le jardin. Vite, je me ren-
dormis, ainsi qu'elle. Cependant le bruit ne cessait pas,
puisqu'il nous éveilla de nouveau. C'étaient des pas, des
murmures, des allées et venues dans l'escalier. Vous
mouriez. Une crise cardiaque vous terrassa. Le médecin
vint, voisin à qui ma mère téléphona d'urgence,
elle qui jamais ne dérangeait quiconque. Il vous donna
une piqûre et vous intima l'ordre de ne pas bouger. A

quoi pensiez-vous, allongé ? Seul dans la chambre ? En
proie à quels fantômes ? Sans doute avez-vous eu peur de
cette solitude et du noir où elle baignait. Vous êtes sorti
du lit, avez descendu l'escalier. Près de la cheminée, ma
mère et le docteur Paiement qui parlaient à voix basse.
Remontez - dit le médecin. Et à ma mère : Il n'en
réchappera pas. Vous êtes mort parce que vous aviez
désobéi, comme un méchant garçon puni dans son coin.
Votre coin, ce fut un panier d'osier, dans lequel on vous
logea, on vous descendit au rez-de-chaussée, on vous
emporta pour toujours. Pour lors, j'étais éveillé, dans le
brouhaha, quel moyen de me retenir ? De ma chambre,
de mon lit, par la porte entrouverte, je vis le panier aller
et venir, porté par des inconnus. Au fond de moi, je
savais que c'était vous, endormi après la lutte. Le château s'était rendu. On allait le démanteler.

Ma mère nous envoya chez des amis, afin de nous
épargner le spectacle des veilles et des funérailles. La
voilà veuve, femme la moins faite pour l'être. Sous des
dehors froids se cachait un coeur sensible et beaucoup
trop de pudeur dans les rapports. Lorsque je revins à la
maison, vous n'y étiez plus qu'un souvenir. Il ne reste
de vous que quelques photographies. J'en sais une où vous
êtes assis sur des marches, de tweed vêtu, le chapeau sur
la tête, moi à vos pieds. Vous regardez l'appareil, attendant le déclic. Je fixe le sol, perdu dans mon rêve.
Avais-je trois ans ? C'est comme si j'entendais une voix :
« Papa ! papa ! venez ! On veut vous photographier ! »
Le petit était là, on vous le mit entre les jambes, et clic !
Vous êtes prisonnier de l'éternité.

La vie sans vous ? Je ne peux imaginer la mienne
avec un homme à l'horizon, vers lequel me tourner, à
qui parler, du même sexe que moi et géniteur. Il me

semble qu'il y a là contradiction. Entre père et fils,
existe comme un contrepoint, où les voix se répondent,
d'après le même thème. Aurais-je perdu, en cours de
cette double route, mon besoin de fuir, cette attirance
de l'ailleurs qui donne des ailes à mon imagination ? Que
seraient devenus mes lointains pays ? Vous viviez dans un
univers où la réussite bourgeoise pesait de tout son poids.
Serais-je devenu pharmacien ? Pour vous plaire, qui sait ?
Aurais-je été plus malheureux, moins heureux que je ne
le suis ? Le résultat eût été le même. La vie m'a appris
que la loi de l'équilibre, de toutes, est la plus forte. Je
pense peu à vous. L'homme vit des images de son
enfance. Vous ne figurez pas dans la mienne. Un jour,
je jouais dans le salon. Mon frère aîné entre, me prend
par les épaules, me jette en l'air, me rattrape, fait de moi
un jouet. Je riais, j'étais heureux. Pourquoi pas vous ;
jamais vous ? Où êtes-vous dans mon souvenir ? Les
gestes de l'amour paternel, les colères qui ont un sens,
les décisions à votre sujet, la main dans une autre main,
la dignité en présence de l'autre, ces manifestations du
père m'ont manqué. Il m'est resté un univers de femmes, où commandaient des personnes peu faites pour
l'autorité. Une sœur aînée, plus affirmative que d'autres, n'hésitait pas à imposer sa volonté. Vous eussiez
dompté ces ardeurs de femme en étant le maître.

Il n'a rien été de ce bonheur. Je regarde autour de
moi, mes amis, mes confrères. On parle peu de son père.
Est-ce pudeur ? Parfois, je vois, dans une voiture, un
père avec ses enfants. L'habitude d'être ensemble ne
devient-elle pas la plus forte ? Du dehors, la dignité
paternelle s'affirme. Devant l'étranger que je suis, on se
tient bien. Moi parti, que reste-t-il de cette façade ?
N'ai-je pas, en mon subconscient, vécu un mythe, celui

du père parfait, du démiurge, qui alimentait ma froideur
sensible ? Le bonheur, qu'aurait-il été, au juste ? J'ai
hérité de vous, en vieillissant, mon amour passionné du
silence, mon attention. J'écoute plus, parle moins. Bientôt, je le sens, je n'écouterai même plus. Je ne sortirai
plus de ma chambre, sinon pour venir, dans le salon, voir
briller le soleil . Il s'y répand d'une façon particulière,
qui me trouble. Vous regardiez le feu, moi ce sera le
soleil. C'est sans doute pourquoi je ne quitterai
jamais cet appartement. J'y ai trouvé ce mariage
de la lumière et du silence qui est le mien. Votre ironie
secrète, elle est aussi la mienne. Vous aimiez la musique
gaie, où circulait l'air des femmes. Sous votre silence
affleurait toute passion. On ne vous entendit jamais tenir
un propos leste. Je rougis volontiers et me fâche lorsqu'un malotru veut raconter une saleté. Nos âmes sont
romantiques. Nous croyons à la noblesse de l'esprit, à la
décence féminine, à la dignité de l'homme. Ce sont des
visions du passé que le passé n'a pas connues. Vous êtes
mort jeune, à cinquante-quatre ans. 1884-1934. 21,
donc 3 ; 17, donc 8. Chiffres magiques, d'abord celui
de l'affinité avec l'idéalisme et la foi. Au moment de
mourir, vous entriez dans le nombre esthétique. La vie
prenait tout son sens. Vous regardiez autour de vous.
Femme, enfants, maison, le monde s'accordait à votre
devenir. Après dix ans de retraite, vous alliez recom-
mencer à brasser des affaires. La forêt et la neige vous
appelaient. Une voix forte s'est fait entendre, que vous
avez suivie et qui criait pour vous seul votre nom, sous
les arcades de la nuit.

Quand?

DANS MA VIE, le point d'interrogation est partout. Pourquoi ? Où ? Comment ? Que sais-je ? Qui êtes-vous ? Je marche dans la rue. Quelles sont ces gens ? Je parle à quelqu'un, que pense-t-il ? A la nature, je pose des questions. Elle-même en est une, la plus vaste, ne serait-ce que par la lune et le retour des saisons. Celle qui me préoccupe le plus a trait à ma naissance et à ma mort. Le reste de mon hégire, avec ses précipitations, m'indiffère. Je sais que je suis né dans une maison de bois, blanche, avec galerie, en Ontario, vers l'heure de midi, un 15 novembre. Neigeait-il ? J'aimerais être venu au monde par une journée de soleil, après la neige du matin. A ma naissance, ma mère avait quarante-deux ans. J'ai été son dernier enfant. Peu après, mon père a acheté une nouvelle maison, qui correspondait mieux à ses succès dans les affaires. C'est celle où j'ai grandi et que j'aimerai toujours. Située au bord de la route, elle possédait, du côté de la ville, un jardin, par-delà l'allée que recouvrait une tonnelle, des cerisiers sauvages où nous montions, la saison venue, nous gaver de cerises violacées, âcres et ensoleillées. Pourquoi suis-je né en cet endroit précis, à cette heure ? Pourquoi pas ailleurs, à une autre époque ? Pourquoi pas dans cette France que j'ai tant aimée ? Si cela avait été, je n'aurais pas eu mes parents. J'en imagine mal d'autres que les miens, mon père auquel je ressemble de plus en plus, même rire, mêmes attitudes, ma mère et notre amour. C'est afin que, par-delà la mort, elle continue de m'aimer que je suis fier d'être,

peu à peu, le vivant portrait de mon père. Quand mour-
rai-je ? A cinquante-quatre ans, comme lui, afin d'ac-
complir dans sa totalité mon destin mimétique ?

   Je nais.   Mon premier souvenir se situe dans
un panier. Quel âge avais-je ? Un an ? Un grand panier
à linge, avec poignées. Je me revois, on me descend dans
la cave de notre nouvelle maison. Je reconnais, aujour-
d'hui encore, l'odeur, je revois l'inclination du plafond,
je retrouve la noirceur de la cave. Qui me portait ainsi ?
Dans ce sous-sol, aucun roi en son tombeau, mais l'odeur
de moisi qui enchante les narines des enfants. Plus tard,
à cette odeur, vint se mêler celle des confitures et des
pommes, l'hiver, dans leurs barils. Et le lundi, celle du
savon chaud, qu'accuse le bruit du moulin à battre le
linge ! Le sol humide, le soleil qui entrait par la fenêtre
à ras de terre, les chansons de ma vieille amie Madame
Laflèche, penchée sur la planche à repasser, tout se mêle
dans ma mémoire. Les ans disparaissent dans un téles-
copage d'amours. Il ne me reste qu'à respirer le souvenir.
Le « quand » devient le passé, partie de moi, à peine
plus vivante que certains hauts-faits de l'histoire. Comment ne pas être Louis XIII après l'assassinat de Concini,
debout sur une table du Louvre, près de la fenêtre d'où
il avait été témoin de la mise à mort, entouré de ses
courtisans, se laissant aller, pour l'unique fois de sa vie,
à une orgie de vérité ? Enfin Roi ! Comment ne pas
être aussi Concini avançant dans la cour du Louvre,
palais encore tout neuf, lisant une lettre, entouré lui
aussi. Un seigneur s'approche.   « Oui ? », lui demande
Concini tout-puissant. Trois secondes après, il n'est plus
rien, le temps de regarder son assassin dans les yeux et
de crier : « A moi ! » Il meurt en s'annonçant : moi,
moi, ce qui avait été le centre de sa vie. En réalité, cri

d'amour vers les autres. « Vous m'avez aimé, vous m'aimez, à l'aide ! » Comme si les hommes recevaient vos bienfaits parce qu'ils vous aiment. Peu d'êtres sont aimés pour eux-mêmes. Madame du Deffand dictait sa dernière lettre à Wiart. Aveugle, timide, revenue de tout. Elle dicte et entend Wiart qui pleure. « Vous m'aimez donc ? », dit-elle. Wiart était un homme simple, de naissance obscure. Le fossé se comble tout à coup, entre Madame du Deffand et lui. Chaque époque apporte sa provende de sensibilité. La froideur mécanique du dix-huitième siècle cachait des âmes ardentes. La sensiblerie et les larmes, à la Rousseau, masquaient les horreurs et la sottise de la Révolution. Est-ce pourquoi je suis, d'instinct, du côté de Voltaire et de Madame du Deffand, contre Rousseau et Saint-Just ? Quand ces problèmes cesseront-ils de me préoccuper ? Je me dis souvent qu'après tout, cela n'a aucune importance ! Rousseau et Voltaire, Saint-Just ou André Chénier. Et je songe. Quand cela s'est-il passé ? Mon coeur vibre. L'autre jour me tombe entre les mains l'étude de Ronald Symes sur la Révolution romaine : César, Pompée, Cicéron, Auguste. Je n'ai pu résister. Je partais en voyage. Ce fut ma lecture dans le train. Une autre fois, ce sera Harold Nicolson ou la Duchesse de Clermont-Tonnerre ou la vie de Cocteau. Quand, c'est le passé, c'est déjà tourner la tête.

Ecrivant ceci, j'écoute le dernier acte du *Crépuscule des Dieux*. Brünnhilde sait que c'est fini. Non seulement elle va disparaître, mais avec elle le Ciel des Dieux. La magie de l'anneau aura le dernier mot. J'entends cette musique par laquelle Wagner a voulu faire revivre la préhistoire. Ses vers sont difficiles, imités, eux aussi, des runes que Wotan grava sur l'Arbre de l'Univers, qui est

un frêne. La musique coule sans fin, comme le Rhin ; la
voix de Brünnhilde flotte sur elle ainsi qu'un bateau
somptueux que la vie a abandonné. L'opéra se ter-
mine sur deux mots, eux aussi, magiques : « Weib » et
« Ring ». La femme et l'anneau, le mysticisme wagné-
rien loge ici.   Hagen, nain gibbeux, crie aux Filles du
Rhin : « N'approchez pas de l'anneau ! ».   Elles
s'emparent de lui et le noient. La femme triomphe, la
musique peut perdre de sa folle ardeur, gonfler sa voile.

Non, ce ne sera jamais la fin pour quiconque aime
plonger dans le passé. Lorsque je regarde dans le mien,
comme dans une boule de cristal, je m'étonne d'y voir
si peu de chose. Une enfance chrétienne, une adolescence
romantique, Paris, des voyages, la découverte de l'amour,
des rêves, le besoin d'écrire qui m'oblige à me lever et à
venir vers cette table. Quand cela a-t-il commencé ?
Où cela finira-t-il ? Il me semble que, même après ma
mort, un je-ne-sais-quoi restera de moi, sous forme d'atta-
chement ou de livre. Aurai-je eu en vain le culte des
mots ?   Par contre, n'est-ce pas trop demander ?   Lorsque j'entre dans une bibliothèque, que je regarde le fichier,
menu si on songe aux déroulements de l'humanité, je me
dis que ces hommes sont ce qui surnage des humains.
Numen Nomen. Quand un tel a-t-il vécu ? L'esprit se
jette dans le maëlstrom de l'histoire, comme le Satan de
Hugo. Ne sont plus visibles que quelques regards. Chacun
a sa part de la postérité. Un siècle lira plus volontiers
Platon, un autre Plutarque, un troisième Montaigne. Nous-
mêmes, hommes du vingtième siècle, que lisons-nous ?
Mille et mille ouvrages, tous plus médiocres les uns que
les autres. J'imagine que, dans l'avenir, quelqu'un se
tournera vers nous et dira : « Quand nos ancêtres lisaient
ces saletés. » Littérature de divertissement, anneau dans

la chaîne qui tient en laisse l'humanité. Quels auteurs retiendra l'avenir ? Je me risque. Chez les Français, Montherlant ; chez les Anglais, Forster ; chez les Allemands, Thomas Mann ; chez les Italiens, Pirandello ; chez les Grecs, Cavafy ; chez les Espagnols, Unamuno, chez les Autriciens, Hoffmansthal ; chez les Russes, Soljenitsyne. Je pourrais tout aussi bien écrire : Valéry, T.S. Eliot, Hesse, Piovene, Seferis, Alberti, Musil, Soljenitsyne. Quand la postérité choisira, ce sera en fonction d'elle, non de moi ! Et quand elle choisirait Proust, Greene, S. George, Malaparte, Kazantzakis, Valle Inclan, Doderer et Soljenitsyne ? Dès qu'il écrit, quel que soit son talent, l'homme parle au nom de toute l'espèce et commence par celle qui est en lui. Montaigne n'est pas plus humain que Brantôme, mais il sait l'art de presser en lui l'humanité. Brantôme a placé plus haut que l'écriture, le sentiment de l'honneur et sa perception raffinée de la beauté. C'est ce qui l'empêche de se livrer tout entier. Il est homme d'ouïe, d'odeurs. Montaigne croit que par l'écriture l'homme existe. Il est celui du regard, le premier peut-être en Occident qui ait fait reposer sa culture sur les yeux, le livre, la citation qui déborde les sens immédiats. Aucune passion d'origine sociale ne domine son âme. Il peut donc laisser l'humain s'envoler de lui. Voilà l'avantage de la tour. Léautaud avait choisi la sienne, dans la banlieue parisienne. Dans ces vies, il n'y a pas de « quand ». Le travail de déchiffrement de soi extirpe tous les autres.

C'est le secret, c'est la recette, se détacher du « quand ». Vienne l'heure qui abolira le temps. Se raccrocher à elle est notre affaire. L'homme qui tient tant à la vie n'a de cesse qu'il ne la supprime dans un temps privilégié, au cours duquel il oublie qu'il vit, les heures passent, l'homme a disparu au creux de lui-même, négation de l'existence. De cette descente naissent les oeuvres. Suprême égoïsme ? Les autres n'existent plus. Ce courrier, ce téléphone, ces palabres, auxquels on était si attaché, retournent au néant. On ne pense plus à ses amis. Mieux encore, on se rend compte qu'on n'a pas d'amis. Montaigne avait-il des amis ? La Boétie ? A vingt ans, autre lui-même ? Benjamin Constant ? Personne. Nietzsche ? Il avait rompu avec tout le monde. Ne plus rien voir, sinon des livres, où les hommes vous parlent, mais ne vous répondent pas. Nous tendons vers cette négation de tout. Si, de nous-mêmes, nous n'y parvenons pas, la vie s'en charge. Vivez un peu longtemps, vous vous retrouverez fin seul. C'est bien la vie devient un processus d'épuration. Quand ? Question qui touche au passé et à l'avenir. Vient le jour où tout se confond. Le *quand* ? du passé se résorbe. Seul demeure celui du futur qui trébuche dans le vide, là où il n'y a plus ni questions ni réponses. Le silence seul face à un oeil implacable et fermé.

Regard

LORSQUE J'OUVRE UN LIVRE D'IMAGES ou l'un de ces
manuels d'histoire littéraire d'aujourd'hui, vides de textes
et pleins de clichés, je cherche le regard des hommes qui
ont fait notre monde. A le regarder dans les yeux, je
sens d'instinct que je n'aurais pas particulièrement aimé
Charles Baudelaire. Ce regard lourd, vitreux, qui vous
surveille de l'intérieur, comme un objet insaisissable dont
le mouvement seul intéresse. Baudelaire n'avait d'attirance que pour lui-même et les idées. Son regard trahit
sa froideur consubstantielle. Il voit mais ne partage pas.
L'effort est sans doute trop grand. Regard divisé contre
soi et les autres, semblable à ces cornes d'abondance qui,
dans l'élargissement progressif de leurs torsades, se trans-
forment en paniers : l'orifice de départ est minuscule,
celui d'arrivée éclate de générosité. Il en va ainsi du
regard intériorisé de Baudelaire. Il déverse sur lui seul
les fleurs et les fruits de l'amour intellectuel. Lorsqu'on
parle à quelqu'un, on le regarde. On le voit tout entier,
les attitudes, le mouvement des lèvres, les plissements du
front, les sourcils qui se rapprochent, les mains indis-
crètes, elles aussi, que soudain on enfouit dans les poches,
les yeux surtout qui ne parviennent presque jamais à
mentir. S'ils glissent par trop dans l'orbite, mauvais
signe. S'ils vous fixent, c'est que l'esprit est ailleurs. S'ils
vagabondent, c'est que vous ennuyez ou que l'homme à
qui vous parlez cherche une proie dans cette rue où elles
passent nombreuses. La conversation se situe à deux
niveaux, l'un de paroles, l'autre de regards. Lequel est

le plus éloquent ? Certaines conversations prennent fin et l'on s'éloigne ex abrupto, car le regard a
enfin trouvé son objet, comme sur le plat d'un livre, au
milieu du semé, armes et chiffre enfin entrelacés.

A mon avis, quand un oeil est beau, rien n'est plus
beau que lui. C'est l'âme dans sa luminosité, ou dans sa
noirceur. L'oeil chante Alleluia ! ou se plaint « Heu !
Heu ! fugaces ! » ! Il voit tomber les fleurs et les vies,
la poussière s'accumuler sur les tombes. Au cimetière de
Passy, on trouve de ces tombeaux qui reproduisent le
décor d'une morte. Quelle pitié ! Les meubles de Marie
Bashkirtseff chancellent, les franges des schalls flottent
dans l'air gris, la poussière recouvre le piano. Objets que
son regard a chaque jour vus, aimés. Que pense de cet
effondrement la jeune femme lorsqu'elle revient en esprit,
et songe ? Pleure-t-elle, autre usage des yeux ? Sont-ce
des sanglots étouffés qui n'atteignent plus l'oeil ? Voit-
on une ombre qui s'agite au milieu du passé ?

Le regard est source de désir. Il glisse vers l'esprit
qui lui donne raison. Il est la porte de la volupté. Pour
trouver une chose belle, il faut la voir. La beauté n'est
rien d'autre qu'une alchimie de l'oeil. Quelques specta-
cles de ma vie. 1- La première fois que j'ai traversé la
Cour carrée du Louvre après Malraux. La couleur re-
donnait à ce vide la perfection géométrique. Il avait été
conçu dans ce rose terne et gris où le ciel luttait avec
l'ombre et la lumière. Dans leurs niches, les statues
avaient pris corps, le triangle des portes s'orientant d'office vers le pavillon du centre. La Cour, devenue puits
de soleil, respirait. Ce n'était pas l'éclat d'une rosace que
les rayons de midi traversent, mais l'affirmation mate de
la présence savamment préparée du soleil et des pierres.
Rien de ce que je connais, dans le monde, n'a atteint ce

degré de perfection. J'envie Concini d'y être mort.
Hélas ! il avait les yeux baissés, lisant en marchant
quelque placet (car cet homme était bon) et ne vit que
l'éclat des lames. 2- Angkor. J'y avais retrouvé, en
1957, un ami venu de Rome, Angel Siffré. Partis tôt
de l'hôtel, aux confins de la jungle, nous nous rendîmes
en voiture jusqu'aux temples. Le passage de l'un à
l'autre, au milieu des lianes, des arbres et des singes
sacrés, crée un mirage des yeux et de l'âme. Tout
devient enlacs, jeux de la pierre, sourires équivoques,
constellations de jambes et de bras, ivresse de
la création continue. Nous avions l'impression de pouvoir
nous enfoncer sans fin, dans un univers où l'oeil peu à
peu, se désincarnant, se transformerait, au milieu des
statues, en l'instrument même de notre mort. Nous l'au-
rions pu, nous unissant à la jungle dans un mariage où,
le décor changeant insensiblement de matière, la pierre
ourlée figurerait lianes et broussailles, où les serpents
des murs deviendraient de vrais serpents, où les cris
joyeux des singes se changeraient en plaintes porteuses de
carnages. Deux jours de ce sublime enfer de grimaces
nous persuada de passer le troisième à l'hôtel, vêtus de
blanc, loin du braillement, dans l'ombre des allées, de
bêtes affamées, rapides et funestes. 3- Au Louvre, de
nouveau, devant le Père Lacordaire de Chassériau. Est-ce
une grande oeuvre ? Je ne puis me souvenir d'elle sans
frémir. Le regard du Révérend Père vibre, questionne,
ausculte. Il est pur. Il n'y a rien là que l'amour d'un
Dieu fait homme et le besoin de le servir. D'abord, regard fixé sur les avenues des pays saints, où marchent des
brahmanes à la Rimbaud. Il faut suivre le Père Lacordaire sous les arches, entendre sa voix, répéter ses gestes,
apprendre à aimer ce Dieu. Le Père Lacordaire choisit,

entre mille, une âme. Je me demandais si c'était la mienne. J'avais à peine plus de vingt ans, j'hésitais, dans un Paris inconnu, entre la volupté quotidienne et la pratique de mon enfance. La mort de ma mère m'avait abattu, en route vers Damas. J'accusais ma nature d'avoir été la cause de ses souffrances. Elle était morte pour moi ! Je me faisais beaucoup d'honneur ; mère de huit enfants, elle était morte pour tous. J'allai confier mes craintes à un prêtre, que j'avais choisi parce qu'il m'avait paru aimer les pauvres. Que me dit-il ? Je ne me souviens de rien, sinon que j'ai communié le jour de l'enterrement. Le lendemain, impossible de me lever, tordu par la douleur. Qu'expiais-je ? Mes crimes ou ma naïveté ? L'eau de Vichy me fit revenir à une morale plus saine et je repris goût à l'existence. Le Père Lacordaire me rappelait ces désespoirs, qui consacrèrent la fin de mon adolescence. Je retrouvais dans ses yeux certains accents de Féli, hommes d'une même génération, qui voyaient les mêmes choses, lisaient les mêmes livres, les mêmes journaux, regardaient défiler les mêmes personnages. D'où ce que j'appelle ce regard 1830, celui du romantisme français, pétri d'illusions, des derniers reflets de l'embrasement napoléonien, des premières lueurs d'apocalypse. Un vers de Shelley répond, avec un siècle et demi d'avance, à ce que je ressens. Lacordaire, avec Féli ou Proudhon, est de ces hommes qui « voient, comme du sommet d'une tour, la fin de tout. » (« See, as from a tower, the end of all »). Tous ces « riens invulnérables » qui composent notre univers, où notre vie s'agite comme dans une nasse. 4- Deux ans sans l'avoir revu, et je retrouve un être autrefois cher. Un éclair dans la rue, c'est la démarche connue. Au départ, ce n'est rien, aucune parole échangée, rien que des yeux qui se rencontrent et disent l'étonnement, un geste de la main, le roulement mécanique des voitures qu'il ne faut pas briser, les devantures des magasins, la rue grise par cette fin d'après-midi, le miroitement des premiers phares qu'on allume, ces regards. La mémoire emmagasine cette scène. Quand, où, à propos de quoi la fera-t-elle surgir, prendre toute la place ? Shelley, toujours - on se sent porté au loin, dans le noir et la peur, par les regrets et les espoirs. Se reverra-t-on ? Est-ce fini ? Ô vie, vie cruelle, à laquelle, au centre de Dieu, Lacordaire a échappé : son regard pourtant le trahit. Lui aussi a connu et a fui. 5- Mon éditeur me téléphone. « J'ai reçu vos livres ». Ce sont mes premiers ouvrages, *Signets I et II*. Je cours chez lui, je tiens les deux livres dans mes mains, je sens vivre la page, sur elle palpiter mon nom. Je les feuillette. Je suis fier. Enfin, auteur ! Je tremble, sors, apporte chez-moi ces précieux objets. Toute la journée, je les regarde, ému. Le lendemain, assis à ma table, posément, je les ouvre et lis. Instinct ? C'est un geste que j'ai souvent répété. J'ai pris ma plume et me suis mis au travil exquis de récrire : la page imparfaite, les adjectifs, tous ces « et », ces « mais » qui m'horripilent, que je cherche à faire disparaître. J'aimerais écrire une langue de verbes. « Je pense, donc je suis », phrase parfaite, qui dit plus que l'essentiel, en moins de mots. J'ajouterai, pour en avoir le coeur net, que c'est faire beaucoup d'honneur à nos semblables. Descartes croyait sans doute que les hommes étaient aussi intelligents que lui. Il en jugeait par le Père Mersenne et la Princesse Elisabeth.

En vrac, je note les personnes que j'aurais aimé voir de mes yeux, les scènes qui m'auraient amusé. Richelieu flattant son chat Ludovic ou riant à un bon mot de Boisrobert ; le regard de Louis XIII à la chasse ; les

rescapés du radeau de la Méduse ; Platon ; Alexandre
mécontent d'Aristote ; Saint Thomas d'Aquin qui croit
qu'un boeuf circule dans les airs ; Robert de Montesquiou
à l'enterrement de Verlaine ; Elémir Bourges lisant à la
Bibliothèque Nationale ; Dante montant l'escalier ; Né-
ron faisant des vocalises ; Sarah Bernhardt saluant après
Phèdre ; Saint-Simon au lit dans sa chambre de Versailles ; Montaigne faisant graver ses inscriptions. Dois-je
continuer ce jeu ? Ces regards-surprise relèvent du voyeu-
risme. Un grand homme agit. Je le regarde, sans qu'il le
sache, j'analyse son comportement : ce manège, une certaine volonté d'abaissement de l'autre. Le voyeur se place
d'office en situation heureuse. Sa victime doit s'abaisser.
Elle se livre à lui nue, la plupart du temps au coeur d'un
délire sexuel supposé, souvent en lutte avec des bourreaux
bien armés. Les exemples que j'ai laissé monter à la surface de mon désir ont ceci en commun qu'ils sont faussement ridicules. C'est un choix de valet de chambre,
pour qui un grand homme ne saurait l'être que pour les
autres. Tentative de diminution ? Rejet de toute idée de
grandeur ? Essai de se valoriser en réduisant l'autre au
néant ? Peut-être ces raisons sont-elles toutes à la fois
vraies. J'y ajouterai la valeur esthétique et rare. Ce que
je souhaite avoir vu, d'autres en ont été les témoins.
Tallemant parle de l'entourage de Richelieu ou de Marie
de Médicis comme s'il avait été de leurs familiers. Beaucoup de vieux et de jeunes chercheurs se sont assis pour
lire, rêver, se nettoyer patiemment le nez (occupations
naturelles à la Bibliothèque Nationale) à côté d'Elémir
Bourges. Ces scènes n'ont rien que de banal. Mais les
avoir toutes vues ? Cela suppose l'ubiquité totale, dans
le temps et l'espace, nous rapproche de l'idée de mort
avec une telle précision que les plus longs et les plus

ennuyeux voyages en train nous paraissent sympathiques.
J'aimerais avoir tout vu de l'histoire, passé, présent et
avenir, en dépit de la malheureuse fille de Priam. J'ai
vu, récemment, la reproduction d'une peinture qui m'a
beaucoup ému. C'est la *Sibylle de Cumes,* de Vedder
(1876). Elle fuit à travers champs, à la main gauche un
bâton, à droite, serrant des papyrus contre sa poitrine.
Elle fuit devant l'Histoire, devant le Christ et ses disci-
ples, qui l'ont avilie et projetée dans les oubliettes. Valéry
a tenté de lui redonner vie et l'a fait vibrer d'horreur
devant elle-même. Le christianisme l'a immolée au mystère de son propre déroulement historique. L'homme ne
doit plus sonder l'avenir, puisque rien n'existe que le ciel.
Aussi, dès qu'un enfant ou un adolescent a un peu d'imagination, il regarde attentivement les cartes, Roi, Dame,
Valet et ce Diable inutile, qu'on met de côté, qui semble
surveiller et attendre son heure. Elle viendra, soyons-en
sûrs.

« Regarde », dit l'enfant. Le père regarde. Il ne voit
rien. L'univers se présente à nous sous des formes mul-
tiples. Chacun y trouve son âme qui vient, dans laquelle
il se reconnaît. Le père ne peut avoir la même vision que
son enfant. Certains voient des anges, là où d'autres ne
voient qu'un mur. Je venais d'emménager. Un ami entre.
Mon appartement était, me dit-il, rempli de formes qui
attendaient ma venue. Elles m'étaient invisibles. Elles le
sont toujours. Serait-ce que pour voir en vérité, l'homme
doit s'abstraire de lui-même et que j'en suis incapable ?

Solitude

JE SAIS QU'IL N'EST PAS de bon ton aujourd'hui de parler de la solitude (et du jeûne) de Jésus, mais à Dieu vat ! Avant d'affronter les épreuves du temps et des hommes, Jésus, comme tous les sages s'est obligé à réfléchir seul. Il a choisi le désert. Comme il était un personnage divin - et non un vertébré gazeux (cher au triste Haeckel) un visiteur s'est un jour présenté à lui, parmi les pierres et les sauterelles : Satan. Quiconque choisit la solitude est certain qu'on ne lui permettra pas de s'y plonger longtemps ; il recevra la visite de son démon favori qui s'appellera désirs, amours, travail, volonté d'imposer aux autres sa conception des choses, songes, sommeil sans rêves, voluptés du néant. Pourquoi pas ? Il faut payer cher ce que l'on aime. Tout cela s'accompagne d'ennui. L'ennui est partout, dans le curé d'Ars comme chez Malraux. Les moutons aussi s'ennuient avec leur museau marron. Enfant, l'hiver, dans mon collège, par les grands froids et dans l'odeur de savon de pauvre qui régnait partout, je m'ennuyais de ma mère, de sa tête penchée sur l'épaule, de ses bras toujours frais, de ces ailes qu'empruntait si volontiers sa démarche, de ses yeux bleus, de ses cheveux blancs ; l'été, auprès d'elle, avec le jardin et les rires de tout le monde et les séances de conversation, je m'ennuyais de mes amis de « là-bas », d'un Père (le reverrai-je cette année ? M'enseignera-t-il le latin ?) et de l'odeur des couloirs, des escaliers, des cantiques. J'étais seul partout. Pourquoi s'en plaindre ?

L'oiseau, que de ma fenêtre je regarde sautiller d'une branche à l'autre, l'oeil sec, il est seul. Plus on s'abstrait, plus la solitude vous gagne. Les fourmis vont et viennent sans tourner la tête, et Pascal dans sa chambre de Saint-Médard réfléchit à la métaphysique de sa propre douleur. J'ai parlé de ceci, autrefois, avec une amie. Conclusion : personne n'écoute ce que dit l'autre. Je sais que, dans mon cas, lorsque je souris en écoutant, c'est que je ne pense à rien. Comme je souris, mon interlocuteur croit que je l'écoute et que c'est le nectar de ses paroles qui me rend heureux. Pas du tout. Lorsque j'écoute vraiment, je ne souris pas. J'ai l'air ennuyé, je plisse le front, j'ai le teint jaune. C'est que d'écouter m'oblige à m'arracher à moi-même. Je suis furieux qu'on retienne mon attention, qui n'est faite que pour moi. Je suis seul digne d'elle. J'exagère la pose de ceci. Ne serait-ce pas plutôt que je n'ai pas - plus - le temps de me quitter moi-même. Tout ce que j'ai de forces, c'est à me glisser dans mes propres veines que je dois les utiliser, à couler avec mon sang. Tout me ramène à ce travail d'amour. Je ne serai plus seul lorsque je serai vraiment lové, lové en moi-même. Ce qui revient à dire que le solitaire cherche la pierre philosophale du couple. De l'un il devient l'autre. Le miroir n'est plus miroir. Il est soi ! Il est moi ! Il est nous !

Je veux prendre la solitude négative de mon être humain et la transformer en méthode de connaissance de moi. Dire non, apprendre à refuser, est essentiel. Art difficile à maîtriser, car instinctivement, ce que l'on veut, c'est échapper à la solitude. D'où l'importance du monde et des mondanités. Je m'en suis rendu compte au cours de mes années de diplomatie (1953-1960) ; sortir était devenu l'essentiel de mes fonctions. Je me retrouvais toujours devant les mêmes visages, que j'avais appris à aimer. On aime ce qui est là. Cette hégémonie triomphante des autres, je n'ai pu l'accepter. J'aime ce qui est en demi-teintes. Aujourd'hui, je sors tout autant qu'autrefois ; mais je suis maître de mes allées et venues. Ou je crois l'être. C'est l'essentiel.

Exemple de solitude : Madame Récamier. Par-dessus les âges et les eaux, je subis son charme, dans son salon de l'Abbaye-aux-Bois, allongée sur la célèbre chaise. Surtout, j'aime son cou, fait pour plaire à la guillotine. Plus tard, elle le cachera sous les soies et les guimpes. C'est un rêve. Il est bien évident qu'à Paris, en 1830, jamais Madame Récamier ne m'aurait reçu. Et pourtant, Ballanche fut son ami. Entendait-on de son salon les rires et les cris des élèves ? « Mesdemoiselles, taisez-vous ! Vous troublez le sommeil de Juliette ! » Les enfants regardaient s'avancer dans la rue l'amant, Illustre Vieillard. Juliette, avec ses amis, était seule. « Il faut qu'on aime », dira-t-elle. Plus tard, après 1818, elle s'oubliera parce que l'égoïsme de Chateaubriand fut le plus fort. La Grande Armée l'avait vaincue. Sans elle, Chateaubriand aurait été un écrivain pour son temps, non pour le nôtre. Au fond de lui-même, il avait besoin de nous. Juliette intercède.

Madame Récamier échappe à la solitude par la beauté. C'est une main qu'elle projette vers les autres, qui implore. A ce geste répond l'admiration. Dans ce dialogue, la solitude de Juliette disparaît. Elle s'agrémente d'apparitions. Lorsque Chateaubriand la voit pour la première fois, c'est chez Mme de Staël : forme blanche sur fond bleu. Ou bien, elle apparaît à Benjamin Constant, le soir, au fond d'un jardin. On la voit frileuse, devant un autre coup du sort. On devine qu'à cause de sa beauté et de son âme il n'en sortira rien que de bon. Mme de Staël, elle, à vingt kilomètres de Paris, apprend qu'elle est encore trop près et que le Maître se plaint de renifler la louve. Elle doit partir, rejoindre ce vilain Coppet de riche. Elle crie, le génie écume de toutes parts. Personne qui s'apitoie. Plus tard son fils Auguste fera le courrier, entre Coppet et Paris, pâle jeune homme voué tôt à la mort, suppliant pour sa mère. Elle s'ennuyait. Sa cour l'ennuyait. Elle était seule. Je suis seule, criait-elle, à Napoléon qui regardait autour de lui. Il ne voyait rien que le désert. Elle est seule ! pensait-il - et dans son vide broutait Marie-Louise aux yeux de vache. Madame Récamier, cependant, devient Madame Récamier. Elle s'oublie à l'intérieur de la dialectique beauté-admiration, qui l'amène à se concevoir comme une autre, une autre qui est non plus Juliette Bernard, mais celle qui, reine du monde, est fêtée partout, rend visite aux prisonniers. Au cours de son voyage à Londres, la foule l'entoure dans la rue, empêche sa voiture d'avancer ; elle est devenue un mythe qui respire et parle (peu). Les condamnés à mort sourient en la voyant et croient qu'il leur est apparu un ange. Une seule fois, jeune encore, donc sujette aux appels du sang, Madame Récamier pensera qu'elle peut cesser d'être cet être-second, cette deuxième statue dans son dialogue. Ce sera pour devenir une autre image, une vraie statue : Princesse Auguste de Prusse. Les membres d'un clan royal échappent, par définition, à la solitude. Ils sont toujours autres, doubles, par excellence Doppelgänger. Madame Récamier refusera ce nouveau survêtement, par tendresse ; même Chateaubriand, après la mort de sa femme, ne parviendra pas, malgré ses dons d'« enchanteur » à ce que Juliette cesse d'être à elle-même, et solitaire, l'absolu de son triomphe.

En réalité, nous sommes rarement seuls. L'un aura son chien, l'autre son Vendredi et le troisième, comme la religieuse de Port-Royal, sa pioche. Ou alors, en désespoir de cause, Dieu, à portée de la main qui dira toujours : oui. Il dira oui ? Méfions-nous ; au début des rapports avec lui, cela va. Il sourit, il est aimable, les états de grâce pleuvent, on étouffe de bonheur, le coeur se gonfle. Dans les chapelles, que de rires ! Dans les dortoirs, que d'élans ! Après les premières tendresses, coup de tonnerre. Le ton change brusquement. Les mystiques m'en sont témoins. On ne rit plus. C'est le silence et la mort de l'âme. Dieu devient ténèbres. Il ne se fait plus entendre que dans la tristesse des nues, et l'on prie en vain. C'est cela, la vraie solitude : avoir été aimé, avoir senti cette présence, puis, sans crier gare, ce vide ! Il me semble que les saints doivent souhaiter mourir. Et leur coeur, dans le silence froid des nuits, (c'est du froid qu'est morte la petite Thérèse, c'est de froid qu'est morte, dans l'horreur de Nevers, Bernadette) crie : « O toi que j'aime, pourquoi ? Pourquoi ? » Pourquoi la souffrance et le désespoir et la mort ? Pourquoi ce besoin de tout donner et d'aimer, auquel rien ne répond ? Rien. C'est le néant, le nada. Il n'y a que soi dans le miroir, avec sur le mur, des toiles, des taches claires qui accentuent la peine. Et l'on va se traînant, Dieu sait comment, d'un espoir à un autre, pour finir comme Chateaubriand, assis, tout fin seul, dans un jardin. Et l'on regarde les nuages. Et des enfants à côté, dans l'allée, des enfants, qui ne sont pas les vôtres, jouent et pleurnichent. Quelle scie que cette vie, mon Dieu, quelle scie !

Table

LA TABLE ME SERT à manger et à écrire. Elle a grandi
avec l'esprit de l'homme. D'abord accroupi, il se nour-
rissait devant un feu. Pas question d'écrire. Ses pensées
lui venaient de la lumière qui se tordait à ses pieds, au
centre du groupe des femmes attentives et des enfants
rieurs. On voit la scène, au coeur de la forêt, une clairière ou, dans le désert, quelque tribu enturbannée
et drapée, dans le froid scintillant de la nuit. La table
paraît avec les plats nombreux et la richesse. Elle est la
compagne préférée des divans d'où l'homme n'a qu'à tendre le bras, ouvrir la main, saisir le raisin ou la boulette de
viande, les porter à sa bouche, faire le geste beau, mesuré,
répétitif, interminable. Le dégoût naît peu à peu devant
ces silhouettes où tout n'est que graisse. Je constate, écrivant ceci, que ma mémoire colle au livre d'images, qui
est latin. Comment mangeaient les Sumériens et les Grecs ?
Socrate, debout, à qui on tend des olives et du pain ? Quelques tomates, du piment. Les ouvriers, dans les jardins
qui entourent ma maison, lorsque vient midi, se retrouvent
sous un figuier. A son ombre, selon un choix amical, ils
mangent le menu de Socrate avant de faire la sieste, le
chapeau de paille sur le ventre. Les maçons romains, les
jardiniers et les paysans de Virgile devaient être ainsi.
« Joyeux festin » ? Mon imagerie les contient. Sans doute
figuraient-ils dans les manuels ou les dictionnaires qui
traînaient sur ma table de collégien et que je feuilletais
au hasard, selon ma mélancolie.

Vinrent les grandes tables du Moyen-Age où maîtres
et valets se retrouvaient en égalité chrétienne, les uns
pour servir, les autres pour qu'on les serve. Charlemagne,
au milieu de ses leudes, commande. La table a des hauts
et des bas. On pense, déjà, que c'est au centre qu'il vaut
mieux se tenir, mêlé à la foule, loin des yeux du maître,
mais près de ceux de quelque chambellan ami. Les fortu-
nes de longue durée se fabriquent lentement. Surtout, ne
pas être du côté des domestiques. Bruit immense de ces
tablées. Nous sommes loin de la délicatesse romaine, per-
ceptible jusque dans le raffinement de l'horreur. La vie,
avec ses combats, y trouvait son centre. Toujours la posi-
tion couchée, pour dormir, manger, se promener en litière.
Et souvent, la litière, c'était la mort. Cicéron porté par
ses esclaves leur donne l'ordre d'aller vite, vite, plus vite,
au milieu des vignes, vers le rivage. Il voit, au loin, la voile
sur la mer. Il entend le bruit que font les chevaux, les
coups de cravache dans le vignoble et, peut-être, la voix
du centurion qui rameute ses hommes. Tout beau, tout
beau ! Le vieil animal blessé est précieux et célèbre.
Par là-dessus, le soleil de cinq heures qui se lève sur la
Méditerranée. La lutte s'engage entre l'ouïe et la vue, la
voile et les sabots dans le terrain meuble. Ce sont les sabots
qui l'emportent, et Cicéron, que le soleil aveugle, et ce sera
le dernier, ordonne à ses esclaves de ralentir. A quoi bon
courir vers la mort, à quoi bon la fuir lorsque sa main est
sur votre épaule ? Il respire l'air du matin. Le centurion
est là. Je ne connais pas de mort plus belle (ni plus tragique) que celle-ci. Cicéron la méritait-il ? Il a eu le temps,
avant qu'on l'égorge, de recouvrir sa tête d'un pan de son
manteau. Adieu soleil de la vie ! Puisqu'il faut mourir,
ne vaut-il pas mieux que ce soit ainsi, plutôt que dans un
lit d'hôpital (y redresserai-je un vieux dos ?), les yeux

TABLE 161

rivés sur une table de nuit ? Car cette table, c'est souvent le dernier objet que voient les yeux des mourants. Les flacons, les comprimés, le thermomètre dans son verre. Table de métal, peinte en blanc. Et cette âme contractuelle qui s'en va.

En réalité, chaque objet rappelle la mort qui est toujours, partout, présente. De la table d'opération à la dernière table de nuit, quel joli trajet ! C'est le nôtre, il faut donc apprendre à l'aimer. J'ai vu, un soir de septembre, ma mère mourante rouler sur une table dans un couloir d'hôpital, vers le bloc opératoire. Déjà on lui avait administré quelque potion. Elle n'était plus que l'ombre d'elle-même et ses cheveux blancs, court coupés, avaient la raideur de ceux de la Marie-Antoinette de David. Au passage, elle échangea avec nous tous, ses enfants, un triste regard, fragilité, stupeur, compréhension tout ensemble, emportée par la charrette de la mort.

Aujourd'hui, j'ai trois tables, deux à Montréal, la troisième à Hammamet. Ma table de travail, je ne l'aime pas et ne vais vers elle qu'à contre-coeur. Elle signifie la page et le stylo, l'effort à faire, ces séances auxquelles ma nature m'oblige et dont l'objet me paraît si futile. Ecrire ! Quoi donc ? Et puis après ? Qu'ai-je à dire ? Je ne sais. Je suis poussé par une force qui fait que je ne suis heureux et malheureux que le stylo à la main, assis à une table, en train de raconter quelque chose. Ne serait-ce pas de cette incertitude que vient mon sentiment du malheur et de l'inutilité de toute chose ? Le dérisoire m'obsède et je me sens comme un personnage de Claudel, assis non pas le dos tourné à l'histoire, ni le nez flairant le vent vers elle, dans un train sans nom, mais au milieu du wagon du centre, entouré de gens comme moi, inconnus, paléolithiques qui cherchent en vain, par la fenêtre sale, à recon-

naître le paysage. Je me dis parfois, pour me consoler,
qu'une vie où il n'y a rien, c'est déjà quelque chose. La
question que je me pose aussitôt est la suivante : est-ce
assez ?

A cette table, j'ai écrit des lettres, mes chroniques
littéraires, mes nouvelles, en soupirant d'aise et d'ennui.
Assis à cette table, j'ai regardé par la fenêtre, contemplé
le ciel, je me suis endormi, emporté par le rêve, la tête
appuyée sur un rayonnage. En face de moi, le téléphone,
la porte qui donne dans le salon, d'autres rayonnages, une
seconde table, où je mange, parfois et souvent seul, parfois avec des amis. On y est bien à quatre, on peut s'y
trouver bien à six, c'est selon. Elle est ovale, d'origine
anglaise, je l'appelle mille-pattes, car on l'ouvre et le referme à volonté. Les pattes glissent et le panneau tombe.
Dessus, en permanence, une jolie lampe de Delft avec des
serpents. A côté, un mur couvert de livres. Je mange et
je prends un livre au hasard. Il m'accompagne au cours
du repas, comme si j'étais à une table d'hôte (quelle pen-
sion Vauquer !) avec Balzac ou Goldoni. Ainsi, je suis
toujours à table avec des amis qui me décrivent leur
monde et m'arrachent au mien. La vie est ainsi faite,
heureusement, de minuscules miracles. C'est la dent de
scie qui l'emporte. J'ai fait des repas joyeux, le dos tourné
à mon cabinet de travail, avec des gens charmants, mes
intimes, et nous nous aimons. L'un des rêves de ma jeunesse est devenu réalité : vivre entouré d'amis, non
pas de femme et d'enfants, liés à moi, et moi à eux, par
le désir et par le sang, mais une société où le choix l'emporte d'abord et se renouvelle chaque jour. N'est-ce pas
hélas ! trop demander à la vie ? J'ai souvent constaté
qu'elle offrait au hasard. Les impondérables triomphent
toujours. Tel qui mène tout aujourd'hui ne sera rien de-

TABLE 163

main ; et on ne sait pourquoi il remonte la pente. Il n'y a de sûr que le domaine littéraire. Un mauvais écrivain (Sartre par exemple) peut obtenir, pendant un demi-siècle, faveurs, louanges. On sait qu'il passera. Lui-même s'en rend compte. J'aurais voulu être Baudelaire, dit-il. Mais il est Sartre. Cette oeuvre immense, il l'a écrite pour se consoler de n'avoir pas de véritable talent. C'est-à-dire qu'il les a tous, sauf celui d'écrire. Mauvais écrivain, mais écrivain quand même. Il souffre donc de savoir qu'il ne durera pas. A quoi correspond son Flaubert sinon au besoin maladif de situer un grand écrivain en-dehors de son écriture ? Sartre a choisi Flaubert, suprême ironie, précisément parce que Flaubert ne se réclame que de son art, écrivain avant tout. Cette situation sartrienne est triste et drôle à la fois. Les dictionnaires se souviendront de Sartre, mais les vrais amateurs liront Chardonne ou Genevoix. Pour le reste, la vie est aléatoire.

Dernière table, celle sur laquelle j'écris en ce moment. Elle est ronde, blanche ; je l'ai fait recouvrir de motifs traditionnels tunisiens peints en bleu, rouge, ocre et vert. Au centre, un vase et de la monnaie du pape. L'ensemble est aérien, doux, légèrement fade. La porte du salon est ouverte. Je vois les fleurs du jardin, j'entends le bruissement des roseaux, près de la mer se dressent des tamaris. Des femmes passent devant la maison. Elles parlent arabe. Des ouvriers construisent un pavillon à côté. Ali, mon factotum, m'interrompt pour me raconter sa vie à Tunis et comment Halima, sa femme, a perdu leur premier enfant. Le chien Tito, fuyant la chaleur, entre et s'étend sur le carrelage. Le temps s'est tu. Au milieu des bruits ordinaires de ma vie loin de tout, le grincement soyeux de ma plume sur le papier me rappelle qu'un autre monde existe, fait de luttes, de réveils brutaux, de jalousies, de

blancs septentrions. Je ne souhaite du reste pas y échapper, mais je voudrais que mon âme, comme cette table,
soit aérienne, douce, légèrement fade elle aussi. Et pourtant, devant mon esprit se dresse la silhouette de Montréal
lorsqu'on y arrive par le pont Jacques-Cartier.

Un

COMMENT ÉCHAPPER à sa propre unité ? De quelque côté que je me tourne, je vois des êtres en proie à leurs secrets délires. Ils vont, viennent, marchent dans la rue, lisent un livre. Ce sont gestes extérieurs, guidés par l'automatisme de l'éducation. A quoi pensent-ils ? A eux-mêmes, chacun pour soi, le regard fixé à l'intérieur, vers cette portion de soi qui vacille sans cesse et anime le tout. Parlez-leur, dans la rue. Je n'envie ni le pauvre qui tend la main, ni l'exorciste qui dénonce les vieilles religions. Tous deux s'adressent à des machines qui ont nom Pierre, Jacques ou Jean. Repliés sur eux-mêmes, les hommes avancent, comme tous les prisonniers du monde, les yeux au sol.

Pourtant nous naissons double. La partie gauche de notre corps répond à la droite. Entre elles, le dialogue s'instaure dès la naissance. Il faudra la vie pour que les deux hommes qui sont en moi parviennent à s'entendre. Parfois, c'est le premier qui me parle, parfois le second. Ils me disent essentiellement la même chose, sur des tons différents. A ma lâcheté naturelle, ils donnent des conseils de fermeté que leur dualité en moi dément. Ils approvisionnent mes rêves, l'un céleste, l'autre tellurique. Nous ressemblons tous à la Joconde. Nous ne nous connaissons ni de face ni de profil, mais du quart, légèrement tournés au dehors. Le regard de l'oeil droit répond à celui du gauche et le profil se résorbe en un sourire indéfinissable. Nous aspirons à la résolution de ce mystère, certains, au demeurant, qu'il nous échappera toujours. Que cherchons-nous, sinon le triomphe du premier chiffre ?

En tout, être le premier, le découvreur, avant tous les autres, toucher au but. N'y a-t-il pas ici présence de la magie des nombres ? Les chiffres ont un sens, le trois et le sept faisant, dans notre mythologie, figure d'axes. Mais tous sont composés d'unités. Le premier chiffre permet aux autres d'exister. Ils ne sont, à l'infini, que sa répétition et l'éternité chiffrée a quelque chose d'absurde.

Il y a cinq ans, je me trouvais dans les environs de Kairouan. On sort de la ville par une porte qui mène, à gauche, à la Mosquée du Barbier (on y vénère un poil de la barbe de Mahomet), à droite, au bassin des Aghlabites. Aussitôt après, c'est la campagne qui naît sous les murailles de la ville. Montherlant a décrit ces murs à l'époque où, désaffectés, ils croulaient de toutes parts, sous leurs revêtements de peinture. Quel spectacle mélancolique que celui de cette enceinte sacrée qui retournait peu à peu à la poussière ! Aujourd'hui, ces murs relevés regardent avec mépris vers le désert. Cette campagne qui surgit aux approches de Kairouan, c'est, dans la chaleur et sous le bleu du ciel, le désert que les hommes ont reconquis par endroits. Sur la route, les voyageurs perdus au milieu des champs de blé et des oueds desséchés ont la certitude que, l'eau manquant, ils mourraient. L'espace ici est pur. La terre y devient montagne et, sans crier gare, ciel. L'unité de la création s'énonce comme une évidence. Les notions universelles viennent à l'esprit : présence constante du néant, rien n'est rien. Dans ce paysage qui se nie, le blanc se marie à l'ocre. Paris sera toujours une ville bleue et grise ; à Kairouan, le blanc, posé dans l'air, entre l'argile et le ciel, s'étale. L'immobilité de cette union secrète vous coupe le souffle. L'étranger, qui vient du nord, sent se préciser en lui la certitude que là où il y a des feuilles, des arbres qui bruissent, des feuil-

lages qui s'étendent, il y a mouvement, dualité, promesse
d'échanges. Le recueillement du désert, où les villes sont
posées comme des montagnes animées, procède de l'acceptation du principe de l'unité.

Dans la rue, la nonchalance des promeneurs, tournés
vers eux-mêmes, s'accompagne volontiers d'un soupçon
de dédain. D'où leur vient cette hauteur lente, sinon de
l'assurance de l'homme qu'il est ici dans le vrai de sa
nature ? Acceptation et rejet. Au café, le jeune insti-
tuteur (qui précise : Ecole Normale de Monastir) veut
protester, s'élever contre sa vie. Il s'apprête à parler. Je
le regarde, j'attends qu'il parle. Autour de nous, accrou-
pis devant des tables de bois blanc, les habitués du café se
fondent dans le décor. Ils vont et viennent, interchan-
geables dans la fonction de dégustateurs de thé à la
menthe. Le jeune homme est là, inquisiteur. J'écoute
toujours, occidental vorace, avide de connaître. J'ai cinq
minutes pour aller au fond de cette âme, pensez donc !
Je ne lâcherai pas ma proie, en ceci pareil au molosse qui
mord une fois pour toutes. Il dit quelques mots, me
regarde de nouveau, puis rien. Silence. Philosophie de
l'à-quoi-bon ! Repli sur l'unité de soi. Plus tard, à l'hôtel,
le domestique me dira que c'est se diminuer que de se con-
finer à la langue arabe. Les Sarrasins, devenus Barbares-
ques et aujourd'hui Arabes, ont appris de nous à fuir la
solitude universelle. Chez eux, ce mot revient : absence.
Absence surtout de foi en ce qu'on est. Nous les aurons
réduits à nous ressembler. Ils se réduisent à nous imiter,
comme une potion magique qui se volatilise.

Echapperont-ils à leur unité ? J'en doute, à moins
que tous les déserts de l'Arabie pierreuse ne se recouvrent
d'usines, que tous les oueds ne se remplissent des déchets
de la civilisation du plastique. L'humanité, reconnaissons-

le, se retrouve en chaque homme. Une partie de moi me
parle le langage de la raison, l'autre celui de la démence.
Le troupeau des hommes prêche à deux voix. L'Occident,
avec ses moyens d'auto-diffusion, transforme toutes les
civilisations. Au Japon en 1963, J.R. Ackerley retrouvait partout, jusque dans les détails infinitésimaux, des
traces de notre passage. L'unité japonaise est devenue
imitative. Réussirons-nous à faire de Kairouan ou de
Sanaa des faubourgs de Berlin-ouest et de Berlin-est ?
Moscou, dans son ensemble, est un sous-produit de New-
York. L'unité du vingtième siècle se fabrique à l'encontre
des âmes. Le triomphe de la matière crée un magma
universel. Où se réfugiera l'unité de l'esprit ?

Vérité

« QU'EST-CE QUE LA VÉRITÉ ? » - demande Ponce Pilate qui
préside le tribunal de l'histoire. Il tend les mains vers
l'eau lustrale. Jean avait baptisé Jésus dans l'eau du
Jourdain. Le baptême de Pilate est le premier rejet philosophique de la nouvelle ère. Jésus, devant lui, se tait. Il
sait que cette engeance aura toujours raison et les mains
pures. Ponce Pilate appartenait à un milieu et à une
génération qui en avaient trop vu. Il ne pouvait plus
croire. Il n'était pas question de lui proposer une foi, de
tenter de réchauffer cette cendre. Elle s'était envolée,
une pincée suivant l'autre, à chaque édit des Césars.
Le mot « vérité » ne résonnait plus dans une chambre
vide, ouverte de partout. Le christianisme, en s'appro-
priant la vérité, voie unique, lui a permis de revivre. Les
peuples sont partis à sa recherche, sûrs de la trouver, une,
indivisible, conquérante, faite de feu. Ses témoins se firent
égorger. Ils sont aujourd'hui dans les camps de la mort
soviétiques et chinois ; il en mourra des milliers, demain,
dans ceux d'Afrique. L'Occident punit moins sévère-
ment la vérité chrétienne. Il se contente de l'étouffer
dans la volupté de vivre. A la question de Ponce Pilate,
Polyeucte répond, lui aussi sur le mode interrogatif :
« Que voulez-vous de moi flatteuses voluptés ? »   Ce
qu'elles veulent ? Qu'il ne croie plus, c'est tout.

Et si je veux croire ? Si je veux que naisse, grandisse
au fond de moi ce besoin de me donner en entier à un
Dieu ? Quelle a été ma foi ? Je suis né dans un milieu
catholique, d'une famille où la religion n'était pas

portée en sautoir. Mon père et ma mère priaient, cette
dernière à genoux soir et matin, au pied de son lit, souvent
le front appuyé sur les couvertures. Elle invoquait la
Trinité, selon des formules apprises dans son enfance.
Dans la famille, rien de cette piété ostentatoire qu'on
trouve souvent dans les petites villes. Nous nous moquions
des dévotes, grenouilles de bénitier. L'élégance ailée tolé-
rait mal les voiles de veuve et les bottines à boutons. En
somme, une atmosphère sans contraintes, sauf celles de la
politesse et de l'amour partagé.

Pour moi, le doute fait partie de mon tempérament,
doute qu'accompagne le désir de tout savoir. Je veux que
mon intelligence connaisse ; mais aussi, ma sensibilité,
mon coeur. La porte est ouverte au sentiment religieux.
Peut-on douter de tout, vouloir tout connaître et croire
en un Dieu unique ? Montaigne s'est accommodé d'un
dilemme qui eût rendu fou Kierkegaard. Mon enfance a
été trop heureuse pour que Dieu y soit présent. Aucune
révolte de l'âme, au cours des leçons de catéchisme. C'est
le rythme du chapelet qui éveilla en moi la douce dolence
de l'érotisme. L'église chaude, la torpeur des prières répé-
tées à l'infini, la luminosité des vitraux, le murmure des
voix d'enfants endormis, le claquoir des religieuses qui
ponctuait les dizaines, le bruissement de leurs coiffes
empesées aux ailes brillantes, cette chaleur des corps age-
nouillés, tout conspirait pour que mon esprit, déjà livré
à l'imagination, s'envole vers des rêves, indéterminés certes, où la rigueur des prières n'avait plus cours. Entre les
rumeurs de l'enfance et les cris de la passion, on trouve
cette zone où courent à leur aise les songes des enfants.
C'est dire que la volupté n'est jamais loin de la religion.
La perfection physique des images, que soulignait la langueur sulpicienne, donnait leur acumen à mes désirs

informes. J'ai pris dans les églises le goût de m'entourer
de gravures qui servent d'arêtes à mes songes.

L'adolescence n'a rien changé à mes rapports avec
un Dieu lointain. J'aimais les cantiques. Des vers de
Corneille et de Racine leur conféraient l'éternité. Par
eux, j'ai appris à aimer la douce mélancolie du français
chanté. Fénelon avait aussi son charme. Les mélodies
grégoriennes, le latin, les chasubles et les surplis créaient
un décor où l'âme pouvait s'exalter et se dire avec certitude qu'elle n'était pas seule. Derrière cela, se formaient
les bataillons d'une Eglise sûre de sa doctrine. Pie XII
régnait alors. Jean XXIII a changé les moeurs ecclésias-
tiques. Son ignorance catastrophique, il croyait la rache-
ter par le gros bon sens paysan et l'amour des bains de
foule. Hélas ! il n'a fait que céder à la faiblesse de son
clergé. J'ai été témoin, au Québec, de la débandade dans
tous les ordres. Sous prétexte de scolarisation générale,
on a suscité et valorisé l'ignorance. La prétention aidant,
deux générations de débris sont là, qui exigent des postes
à la mesure de leur haute formation. C'est pitoyable. Ce
n'est rien si l'on songe à la décadence de notre clergé.
Nos prêtres nous avaient tenus par la peur et l'habitude
que nous avions prise de plier l'échine. Nous les vîmes
s'enfuir en grand nombre vers la couche conjugale. Ils
avaient été nos maîtres. Entourés de femmes et d'enfants, ils exigeaient que nous les admirions comme des
victimes. La transition avait été rapide. Les Jésuites, à
qui je dois tout, m'ont appris à respecter la rigueur des
serments et de la parole donnée. J'ai l'impression que
Jean XXIII, sous prétexte de jeter du lest, a voulu nettoyer son Eglise. Les pays, comme le Québec, où la
vocation religieuse favorisait l'ambition des pauvres, n'ont
pas su résister à l'appel d'une société riche. Les prêtres,

les frères, les religieuses qui n'avaient choisi leur état que
pour échapper à la misère, rentrèrent dans le rang. On
les retrouve partout, dans l'administration comme dans
les lettres, dignes représentants d'une société qui, religieuse
ou laïque, restera toujours cléricale.

Je ne connus aucune crise religieuse. La foi du char-
bonnier, voilà mon affaire, si profondément gravée en
moi que rien ne pourra l'effacer. Aucune question, donc
pas de réponse. Je reste immobile devant Dieu, semblable aux Juifs qui écoutaient Jésus, perdus dans la foule,
bouche-bée, heureux d'entendre des choses belles et claires, qui les émouvaient. Après le sermon et le casse-croûte
fait de pains et de poissons (il en restait toujours, quel
gâchis !) ils tournaient le dos au second orateur, fendaient
la foule et rentraient chez-eux. « Hommes de peu de
foi » leur cria Jésus, un jour, excédé. Eux retournèrent
quand même à leurs travaux. Dans ce peu de foi, il y a
la foi, se disaient-ils. La foi, c'est peut-être aussi le travail
bien fait, un établi, une plume, une foreuse, l'archet qu'il
faut apprendre à tenir.

Est-ce là ce qui s'appelle croire ? C'est mener sa vie
simplement, le plus loin possible des fureurs et des meu-
tes. La voie a été tracée il y a deux mille ans. Je la suis.
Je veux que ma vie soit ombreuse. C'est le bonheur. Ma
vérité coïncide avec celle qu'on m'a apprise dans l'enfance. Sort banal, qui est celui de millions d'êtres. Les
Chinois, Mao sans doute le premier, font brûler des bâton-
nets devant l'esprit des ancêtres. En Inde, les eaux sont
sacrées. Au Japon, le plus grand écrivain contemporain
se tue selon un rite millénaire. Les aspirations diverses du
genre humain se recoupent. L'unité de ce faisceau, ne
serait-ce pas ce Dieu que nous tenons tous pour essentiel
puisqu'il est le nôtre ?

Peut-il nous demander autre chose qu'une vie noble et la paix du coeur ? Jésus est venu parmi nous prêcher la morale qui convenait à nos faiblesses. Il s'est manifesté. Cela a-t-il changé quoi que ce soit à l'évolution des hommes ? La croyance en Dieu les a-t-elle rendus moins iniques ? Ont-ils moins tué ? Les trésors des églises sont devenus causes de guerre. Les Papes ont brandi le glaive. Où est Dieu dans ces rodomontades de sang ? C'est pourquoi je veux croire à l'intérieur de moi. Même dans la solitude et le silence de mon âme. Les protestataires russes ont prouvé que rien, pas même la psychanalyse mécanique, ne pouvait anéantir ce noyau. Dans les asiles, les fous vous jugent. Ils ont pitié de nous, qui avons tout, eux qui ont réussi, en dépit des médecins et des chocs électriques, à sauvegarder l'essentiel. Pindare appelle cette certitude le Château du Temps qui dure.

Notre vérité, cher Pilate, est semblable à la vôtre. Elle est faite d'un doute que l'on transcende et d'une certitude que l'on remet sans cesse en question. Chacun la porte en lui-même comme un désert suscite par endroits la flamme et l'eau, derniers recours des hommes et des animaux abandonnés.

Wagon

JE SUIS NÉ peu avant la crise économique qui a ébranlé le
début du vingtième siècle. Je courais dans le jardin lorsque les magnats de l'époque se précipitèrent de leurs
gratte-ciel sur la chaussée. Mon père faisait des chèques ;
après sa mort, ma mère. Je la revois, assise à sa table,
devant ses tiroirs remplis de papiers et de souvenirs, sortant son chéquier. Peu à peu, au cours de mon enfance,
des visiteurs nous vinrent, on ne sut jamais d'où, qui
demandaient à boire et à manger. C'étaient des pauvres
hères qui traversaient le Canada, accrochés aux wagons
des chemins de fer comme des grappes. Aux abords des
villes, il se mettaient en boule et se précipitaient au sol,
comme leurs ex-maîtres les magnats new-yorkais, et men-
diaient. Lorsqu'une maison était dite « bonne », ils tra-
çaient à la craie une croix sur le trottoir qui y menait.
La nôtre devait figurer parmi les meilleures. A chaque
repas, ou presque (je soupçonne ces messieurs d'avoir aimé
faire la grasse matinée), on frappait à la porte de la cuisine. Nous leur donnions. Il n'en venait jamais à la fois
qu'un seul. Ma sœur et moi allions les reluquer. Certains
nous apercevaient, petits, apeurés, le dos collé au mur, la
tête tournée vers eux. En français (et quel !) ou en
anglais, ils nous appelaient, nous faisaient signe de nous
asseoir avec eux sur la galerie. Nous avions encore
plus peur. Eux revenaient au réel et prenaient une bou-
chée. Ces hommes hâves, barbus, certains jeunes et rieurs,
m'attiraient. Peut-être voyais-je en eux une aventure qui
me rappelait Hector Malot. Chaque enfant veut partir,

fuir au loin, ne plus revoir les siens qui l'horripilent.
Depuis vingt ans, ce besoin est devenu une philosophie.
Les enfants croisés connurent aussi ce Wanderlust à culotte courte. Ils finirent esclaves. Chez moi, cette hantise
des départs ne prit forme que le moment venu et le billet
d'avion dans la poche. Mon coeur saura toujours attendre.

Ces hommes, inconnus pour toujours, que sont-ils
devenus ? Je songe à eux lorsqu'un jeune bourgeois en
rupture de ban me demande cinq sous. En réalité, je leur
enviais d'être libres. Ils m'enviaient d'être riche, enfant
gâté par la vie. Repus, ils repartaient, attendaient le prochain train et, au moment où, avant d'entrer en gare, il
ralentissait, ces hommes se jetaient sur lui comme sur une
proie mouvante, s'accrochaient au marche-pied et filaient
vers l'ouest. Plus tard, j'avais seize ans, je devins pendant
l'été, employé de la compagnie des chemins de fer. Ma-
noeuvre ou même aide-manoeuvre, dernier sous-fifre
d'une équipe mobile chargée de réparer la voie et de la
garder en état. Nous étions une trentaine. Je m'ennuyais
à mourir, loin de ma famille, dans un milieu hostile où
l'on se moquait de moi. J'étais ridicule, malingre, réflé-
chissant à tout, mélancolique, le nez trop long, incapable
de cacher mon spleen. Nous couchions dans un wagon
transformé en dortoir. J'étais le plus jeune. On m'avait
appris à être propre. J'avais les conversations osées en
horreur. Je dormais avec un autre. Non pas qu'il m'ai-
mât, mais sans femme, il voulut faire l'amour. J'étais
pour lors d'une pureté extrême et, la nuit venue, mort
de fatigue, ne songeais qu'à dormir. Je ne sais même si
je repoussai longtemps ses avances, mais je me souviens
qu'à peine me couchais-je, je sombrais dans un sommeil
profond comme la mer. Que faire d'une pareille épave ?
Pureté, besoin incoercible de dormir, ennui, dégoût

de cette promiscuité, c'est à ces raisons banales que je dois d'avoir fait honneur à l'éducation des bons Pères et d'avoir imité Saint Stanislas Kostka. Le jour se levait triste sur ce wagon rempli d'hommes désespérés. Rien d'eux ne m'est resté, sinon l'odeur de ces corps à laquelle se mêlait celle du tabac.

Nous déjeunions d'oeufs, de crêpes, de bacon, de miel, de sirop d'érable, dans un second wagon. Un troisième faisait office de bureau. Comptable et surveillant y trônaient. Nous marchions au travail, le long de la voie ferrée, dans un paysage de pins blancs et de lacs. La forêt vierge nous entourait. Le travail était celui de tous les terrassiers. Dirai-je qu'il me plaisait ? Non. Je n'étais ni assez fort, ni assez pauvre pour que ce travail dur et inutile me rende heureux. Au milieu de mes compagnons de bagne, j'étais l'étudiant. Je passais l'été en plein air et, dès la fin d'août, j'allais repartir, retrouver mes livres, le piano, la chaleur d'une famille qui croyait aux dimanches. Plus que ma personne, c'est cela que mon jumeau de nuitée avait souhaité étreindre. A bien y songer, ma famille était pré-maoïste : retour à la vie collective, aux odeurs du prolétariat, à la sagesse ouvrière. Je dois ajouter que cela ne m'a été d'aucun profit. Depuis, j'ai vu agir les grands de ce monde. Ceux qui méprisent encore le moins le peuple, et les pauvres, ce sont les bourgeois. Il y a une infamie de la gauche qui lui vient de son hypocrisie de ratés aux mains blanches. Ce n'est pas en fréquentant les Jésuites ou la bourgeoisie canadienne-française que j'ai appris ce que c'était que le mensonge vécu, c'est, à Paris, en lisant le *Monde*. Ce journal, dont on porte aujourd'hui l'objectivité aux nues, la postérité le verra tel qu'il fut, timoré, sans cesse côtoyant le mal, hypocrite, petit bourgeois, c'est à dire de gauche. Mes compagnons,

au service du Pacifique canadien (CPR) étaient des for-
çats. Mais ils riaient, fiers de leur musculature et notre
contremaître avait été l'un d'eux. Nous sommes loin des
archipels. Je m'en veux aujourd'hui de n'avoir rien tenté
pour me rapprocher d'eux. Le pouvais-je, replié sur moi-
même, honteux d'être un homme ? Un jeune Aubry
m'avait accompagné dans cette équipée. Il est mort à la
guerre, on l'a enterré en Italie. Il n'avait pas vingt ans.
Le soir, nous partions tous deux pour de longues promenades qui nous menaient aux abords d'un village. Des
femmes passaient, seules, en voiture. Nous les regardions
comme des êtres d'une autre planète. C'était l'été. Elles
portaient des robes légères, leurs cheveux étaient fous.
J'ai retrouvé ce que je ressentais alors en lisant la fin de
l'*Education sentimentale*. Je n'étais donc pas un monstre
de timidité ? Un matin, Aubry et moi nous enfuîmes. Je
revins à la maison à la fois heureux et peu fier. Quelques
jours après, je devins maçon. Echafaudages, briques et
mortier.

Lorsqu'au loin j'entends le bruit que fait le train,
mon coeur bat plus vite. J'aime ce long serpent qui traverse le monde, au milieu des vapeurs, en l'éclairant.
Comment ne pas rêver aux aventures dont il est le témoin ? On monte à bord. Aussitôt l'horizon de la vie
change. C'est qu'on part. Moscou ! Moscou ! disent les
trois malheureuses soeurs ; au-dessus de soi, ses bagages, à
ses pieds la serviette pleine de livres. Par la fenêtre, l'univers file, avec ses champs, ses maisons, ses bocages. Le
soir, à la clarté des lampes, on voit, dans les intérieurs,
des profils, des hommes qui gesticulent. Le train file.
Dans le wagon, les voyageurs s'assoupissent. Au restau-
rant, quel que soit le menu, on mange de bon appétit.
Les garçons appartiennent, eux aussi, au mouvement qui

nous emporte tous au même rythme. On voudrait ne plus arriver. Pourtant, quelle mélancolie ! Voilà cent personnes qui n'ont plus d'attaches, sinon ces roues qui tournent, ce sifflet qui ulule, ces hommes galonnés qui passent, l'air recueilli. Des parents, des amis, les attendent au loin. Le train s'arrête. Sur le quai, des visages. La nuit a cessé d'agir, et le voyageur sur le marche-pied ne voit que les sourires. Il dépose ses valises. Ce sont des baisers, des étreintes, le dos tourné au train qui repart. Loin, loin, file, ô beau navire !

Je reviens toujours au thème essentiel de ma vie, qui est le départ. Peut-être attaché-je trop d'importance à la futilité de tout. Quel écrivain n'a pas écrit que tout passait, qu'il ne servait à rien de s'apitoyer sur soi-même, que nous nous retrouverions tous, et vite, au fond d'un trou ? Cette pensée ne me quitte jamais, d'où ma mélancolie et ma langueur. A quoi bon agir, me dis-je, puisque rien ne sert à rien ? Je reste donc dans mon coin, l'air méprisant, me moquant parfois, affectant des airs supérieurs. Ne serait-ce pas que je m'ennuie, sans le connaître, de cet instant, le dernier, qui s'appelle la mort ? Il se passera alors quelque chose, un je ne sais quoi qui me remplira, de joie, d'horreur, de crainte, d'amour, que sais-je ? et qui me fera vibrer jusque dans mon tréfonds. Sans wagon, je passerai, je franchirai un seuil. Quel sera-t-il ? Que verrai-je ? J'ai mal au monde dans lequel je vis. Il m'horripile ; ces nombres, ces guerres, ces passions de dominer, la bêtise des hommes. Je rêve parfois d'une Belle de Zuylen avec qui refaire chaque soir le monde, une tasse de tilleul à la main. A quoi sert de refaire le monde ? Bouddha, Jésus, tant d'autres. Mme de Staël voulait protestantiser la France. Tout est utopie. Les plus sages sont les plus fous. Est-ce une hantise ? Est-ce le plus

profond des désirs que celui de la mort ? J'ai cherché
partout la réponse. Rien.

Laissons-nous emporter par ce wagon, la vie.

Wagon qui mène à la mort. Lorsque les Allemands
arrêtèrent la soeur de Max Jacob, Sacha Guitry refusa
d'intervenir. « S'il s'agissait de Max... », dit-il. Dans le
wagon qui l'amenait à Drancy, où il mourut, Max Jacob
écrivit à Sacha : « C'est moi. » Comment oublier ces
milliers de victimes, non pas seulement juives, qui ont
sillonné l'Europe allemande dans des wagons plombés, qui
sont mortes asphyxiées dans des wagons abandonnés au
coeur des villes ? Réponse extraordinaire des symboles à
cet autre wagon allemand qui amena en Russie Lénine
et ses affidés. C'est dans ce wagon qu'est né le système
concentrationnaire et qu'a vu le jour la plus humiliante
tyrannie de tous les temps. Curieuse matrice que cette
Allemagne ! Voilà à quoi je pense lorsque, dans mon
lit, la nuit, les murs de la maison vibrent parce que passe
un train. Je m'éveille et j'imagine le train qui file comme
le destin des hommes, vers l'inconnu. Il en sera toujours
ainsi. Un mouvement précipité, une plainte, le noir où
l'on plonge. Nul n'échappe à cette logique. On s'étour-
dit, on rêve pendant que le train roule, chacun dans le
compartiment qu'il a choisi. Un jour, le train n'avance
plus. Un voyageur descend. Bientôt ce sera moi. J'aurai
vu la dernière gare.

X

UNE LETTRE, parfois explosive, qui signifie l'inconnu. Nous vivons dans le présent et dans l'avenir, nous appuyant sur le passé, où nous croyons que logent des exemples. A chaque pas, l'inconnu se dresse devant nous. Il nous fait peur. Le téléphone sonne-t-il qu'il s'agit d'une mauvaise nouvelle. Et les lettres ! Et les regards des amis ! Tout devient matière à présages. Salavin évitait les lignes horizontales des trottoirs. Elles lui portaient malheur. Les Anciens se penchaient sur les entrailles des animaux et des jeunes filles. Nous croyons à la vertu maléfique du chiffre treize, nous touchons du bois. L'avenir n'en est pas moins là, menaçant d'inconnu. Lorsque cet inconnu disparaît, que nous avons le malheur en face de nous, le monde devient plus simple et clair. L'action transforme la qualité d'une situation, l'amène à s'ouvrir, à livrer ses secrets. L'inconnu se dissipe et le train-train du quotidien s'installe. Certains hommes préfèrent ne jamais connaître l'habitude. Ils créent de l'inconnu à chaque tournant, afin de se perdre en lui et de le vaincre. Le jour vient où les combinaisons les plus hardies se brisent. Le hasard, qui est l'inconnu suprême, intervient à son tour, sous les traits de Blücher.

L'inconnu porte un autre nom, qui est risque. Il faut en prendre le goût dès l'enfance. Joueur, César l'était, Montaigne pas du tout. L'un tient à une grande vie, l'autre à la vie tout court. Le goût du risque n'a de sens que s'il repose sur la volonté de réussir. Il ne sert à rien de jouer pour perdre. La victoire laisse dans la bouche un goût amer. Cette amertume, il faut apprendre à l'aimer, sans quoi l'action est inutile. Le vainqueur ne l'est souvent qu'à la fin d'un vaste psychodrame. Il se fixe un but autour duquel les inconnus qui tissent une vie viennent se rallier. La victoire possible les attire. C'est en ce sens que l'homme est maître de son destin. Il appelle. Que sa voix soit forte et les hasards se rangent derrière lui, bannières déployées. A la voix du faible, rien ne répond que le vent. L'homme des victoires a une ardeur sui generis. Il se jette sur l'avenir, comme un piquier sur le cavalier, afin de le terrasser. L'inconnu est une victime consentante jusqu'au jour où le jeu des hasards s'éparpille. L'homme des victoires se retire alors sous sa tente qui, ainsi que l'écrit Chateaubriand, recouvre le monde. Nous ne sommes pas tous de cette sorte. Il faut apprendre, du centre du pecus, à se satisfaire de triomphes modestes, de ceux qui correspondent à notre nature humble.

Il n'y a pas de plus existentiel effroi que celui du lendemain. La peur est telle que l'homme n'ose demander à Dieu que le pain quotidien. Ne pas regarder au-delà de la nuit qui vient, c'est l'art de vivre pour des millions d'êtres indéterminés, qui peinent afin que les puissants accumulent l'argent et le pouvoir. Aux Européens, à leurs empires, qui ont duré trois siècles, ont succédé les Américains, qui ont régné sur l'univers pendant trente ans. Les Russes prennent la relève, tenants du panslavisme esclavagiste. Combien de temps seront-ils les maîtres ? Ils font peur, on attend d'eux le pire. Voilà un inconnu de moins. En ceci, les Russes sont des Européens, la plus cruelle de toutes les races, la plus habile à recouvrir de formules admirables le sang qu'elle verse. Où va le monde ? Je me pose souvent cette question. Eternelle interrogation, pourquoi ? Les ombres autour de nous s'épaississent et bouchent d'immenses pans du ciel. Peu à peu, nous apprenons à vivre dans le noir. L'univers ressemble à un mariage, celui d'une chanteuse d'avant-garde, au milieu des lumières, parmi les cris de ses supporteurs et du savant Cosinus, la tête dans les nuages, sûr des pouvoirs magiques de la science. Les lois physiques triomphent dans une grande vague de déraison. Nous rendrons-nous sans trop de heurts jusqu'à l'instauration du socialisme concentrationnaire ? George Orwell avait fixé une date : 1984. Je crains qu'elle ne soit déjà là, qu'il ne s'agisse de 1976. La peur du lendemain cessera lorsqu'il n'y aura plus rien que la souffrance et les barbelés.

Yoga

J'AI UN AMI YOGIN. On imagine les ascètes maigres. Il est rond. Graves, il aime rire. Pontifiants, il n'affirme rien. Sûrs de tout ; il se pose sans cesse des questions. Mystiques, il aime la vie et la bonne chère. Repliés sur eux-mêmes, il aime voir des gens, parler, la cigarette aux lèvres. C'est un poète, un sage. Je suis le contraire de tout cela, de lui et du yogin classique. Comme Jeannot lapin, le moindre bruit me fait dresser les oreilles. Je tremble lorsque sonne le téléphone, j'hésite avant de décacheter une lettre, le moindre nuage est annonciateur de tempête. Pourtant, j'ai pris l'habitude, lorsque l'ennui n'est pas le plus fort, de faire face, d'agir. Ce n'est ni bien ni assez. Vita bellum, dit César, et je n'ai jamais l'initiative de l'action. Mon imagination active est faite de réponse aux questions des autres. Cette situation, vécue pendant un quart de siècle, m'avait vanné. Jeannot lapin osait à peine quitter son logis, de crainte que quelque belette ne s'y installe « sans tambour ni trompettes ». Il s'agissait bien de musique ! Une énorme belette fictive occupait l'espace de la vie. Je m'en ouvris un jour, sans y penser, à mon ami yogin. Homme de confidences, je le suis peu, sauf pour ce qui touche à l'accessoire. Je garde tous les secrets, en les enrobant de discours aléatoires. A mon ami yogin, je parlai pourtant de moi. Il me conseilla le yoga. Non pas de devenir semblable aux ascètes des Himalayas, qui brûlent mieux que le feu. J'avais oublié, préoccupé de mes songes, l'art de rentrer en moi, dans le silence de ce que je suis. Il souhaitait que je le réapprisse.

Décrirai-je cette méthode, faite de détente physique et de concentration morale ? La volonté y est partout présente. L'effort n'est pas considérable, mais se relâche peu. Nous avons appris, depuis l'avènement du protestantisme, à avoir honte de notre corps, de notre intelligence, de nos réflexes. L'homme contemporain peut, très simplement, se poser la question : « Ai-je une âme ? » S'il regarde ses semblables autour de lui, il répond : non. Le yoga, par une série de tractions lentes, auxquelles n'échappe pas la volupté de conquérir, permet d'accepter ce dont, en soi, on prend conscience. Le corps se précise en s'abolissant. L'esprit va d'un membre à l'autre pour les faire disparaître du champ de la conscience, en sorte qu'à la fin de l'exercice, le corps entier se voit, par l'idée, s'élever, se fondre dans l'air. Il est d'autant plus présent qu'il a accepté, de son propre chef, de se vider, de s'aérer, de dominer sa forme. Le secret du yoga est dans cet échange. Un être se comprend dans la mesure où il s'oublie et se rejette.

Les lois mystiques, qui régissent l'activité des hommes, quoi qu'ils en aient, sont partout semblables. Adolescent, mes maîtres me disaient, répétant les paroles de leur Maître : Ne vous cherchez pas et vous vous trouverez. J'ai longtemps fait fi de leurs haruspices. J'ai voyagé. Que cherchais-je, sinon l'unité de mon être ? Mariage de mon âge mûr et de l'enfance. A chaque étape de mon hégire, je découvrais avec surprise la vérité vraie d'une loi où ma jeunesse avait, se croyant sage, décelé l'absurde. Par la voix de mes mentors, Plutarque n'avait pas menti ! Une par une, les écailles me tombaient des yeux. Je vieillissais et mon âme s'accordait à mon devenir total, qui protégeait mon passé de son ombre et préparait l'avenir. Le yoga, que pratiquent des mages orientaux, vint à point nommé souligner que ce corps auquel, dans son ordinaire, j'attachais tant d'importance, était la somme de mes puissances de mort. Tout nous mène à elle, comme d'instinct, au hâvre le plus sûr. La règle foncière de notre vie se trouve inscrite dans sa négation. Il y a une volupté céleste à se contraindre jusqu'au bout de soi.

Zodiaque

LES SPÉCIALISTES (amateurs comme professionnels) du zodiaque sont sourcilleux. Ils sont les seuls à pouvoir pénétrer les arcanes la tête haute. Un autre s'y perdrait. Sans connaître la mathématique, ils font des calculs qui ébranlent vos vies. Lord Arthur Savile a précipité le malheureux Podgers dans la Tamise pour une peccadille. Podgers lisait tout au plus les lignes de la main. L'astrologue plonge chez les mammouths. L'astrologie est souvent un jeu de société, pourtant le Zodiaque est l'une des grandes découvertes de l'esprit humain. Qu'il existe un rapport direct entre les astres et ce que je sais, je n'en doute pas un instant. Ils m'attirent, j'ai besoin d'eux (non pour guider à chaque instant ma vie, mais pour l'enchanter), ils répondent au plus profond élan esthétique de mon être. Est-ce moi qui les crée ? Est-ce mon coeur mémorant qui colle au passé lointain ? Ne suis-je pas un atome échappé à la préhistoire, au mouvement des Soleils, géant sur la terre et nain au milieu des infinis ? Je ne sais. Je sens par contre que mon être adhère à l'étoile invisible qui se terre au creux de milliards d'années. Nous faisons un. Peut-être est-ce elle, et non pas une autre, qui donne à mon sang son épaisseur, à mes pulsations leur rythme personnel, à mes désirs leur fixité, précisément, d'étoile. Que peut m'être, alors, la lune, reflet d'un astre qui n'est que le miroir du mien ? Elle est esclave des ondes qui lui parviennent d'une éternité de lumière. Elle exécute, en m'infligeant des marées affectives, les ordres de mon destin éternel. Elle répond à ma

vie antérieure, qui suscite celle d'aujourd'hui. Le champ
mathématique des astres se meut au centre de ces concor-
dances. Mon avenir, lové dans ce passé sidéral, a pris,
pour une fraction de temps, figure humaine. A peine
aurai-je déposé ma forme, comme Ulysse ses vêtements,
que je reprendrai cette merveilleuse errance stellaire que
se contredit ma chair d'homme. Mais ça, c'est une autre
Histoire.

Je suis né sous le signe du Scorpion, de la famille des
arthropodes. Animal petit, à pinces, qui marche tête bais-
sée et la queue en l'air. Celle-ci se recourbe joliment, pour
toucher presque le dos, selon la forme des articulations.
Au bout de cette queue, un aiguillon, par où coule le
venin. Le scorpion vit dans l'ombre, sous une pierre, là
où la terre est à la fois moite, chaude et fraîche. Il est à
l'aise dans un terreau qui vit, lorsque le soleil tape fort et
que fermente la boue. Replié sur lui-même, segments
relâchés, carapace molle, il se livre au bonheur de la solitude et des rêves. Entre lui et ses odeurs, un dialogue
larvaire s'ébauche. La tête et les poumons ne font qu'un.
Le rythme de la respiration est aussi celui de cette imagination du noir qui aspire à la lumière. Sous la bête, des
épaisseurs de tourbe se succèdent, certaines figées mais
dont les fissures permettent d'atteindre le centre du monde, d'accéder aux Enfers, là où les vapeurs se fondent dans
le feu ; au-dessus d'elle, cette pierre qui la coiffe comme
si les constellations s'étaient réunies en un bloc qui bouche
toutes les issues, pourtant prêt à éclater. Qu'il éclate et
l'univers entier scintillera dans l'obscurité du destin !
Recroquevillé entre le Ciel et l'Enfer, le scorpion attend
sa proie. Ce n'est pas une attente immédiate. Elle est
passive. Quelqu'un viendra, mouche ou ver, ou jardinier,
dont le destin est d'assouvir la volupté caudale. Le scor-

pion entend l'homme et les coups de sa bêche. A mesure que les pas se rapprochent, la carapace se durcit, les articulations se bandent, la tension devient nerveuse. La terre est plus froide, la pierre plus lourde. Une main la soulève. Le scorpion, dans un même mouvement, plonge dans le vif de la lumière et fond sur l'assaillant. De partout, dans ce corps illuminé, montent les vagues de sève. Les arêtes elles-mêmes livrent leur sueur. Tout converge vers la pointe extrême et le venin, afin de le projeter au-dehors. Le contact avec la peau de l'homme se fait, la pointe entre, fouaille, se loge au creux d'une matière épaisse et trouve la veine. Le jet, dans la promptitude de son ardeur, ébranle la carapace. Le scorpion est paralysé par l'excès de sa délivrance. Il reste accroché à la main de l'homme pétrifié.

Pendant quelques secondes, le scorpion hors-de-souffle s'agrippe à l'homme dont la sueur glacée recouvre le dos. C'est le moment de s'emparer de lui, par l'abdomen, de le confier à un bocal plein de formol. Il y meurt dans l'odeur de l'hygiène, entre Mars et Jupiter, ennemis de la sensibilité Saturnienne. On le montrera aux amis, symbole du néant. Chacun frétillera, car le scorpion fait peur, comme le serpent. Sans doute retrouve-t-on en lui d'immondes aspirations telluriques, qui viennent à notre chair de ces époques où tout n'était que figments. Il repousse et, de son aiguillon, fait signe d'avancer. En sa présence, l'air devient autre, plus dense, où s'agitent des nuages d'infinitésimaux. Ce n'est pas une nature heureuse ; ce qui compte en lui, ce n'est pas le bonheur, mais la nature. Chez le scorpion, on la trouve à l'état pur, se donnant à elle-même naissance, unique exemple de la course à l'androgynie ou à la parthénogénèse, selon. Nature saisie au repos, où le recroquevillement, les épaules voussées, le front penché, les bras ballants, le frottement

de la hanche aux murs soulignent le soin, au coeur de
l'être, de rechercher l'ombre. Mais aussi, soudain, front
levé, regard dru, bouche amère, et ces mains qui jettent
l'invective et implorent. Nature trouble dont le réseau
de contradictions recherche l'infini, chaque maille luttant
de toutes ses fibres pour s'affirmer dans l'être, pourtant
tenue par la répétition des autres chaînons, ainsi qu'un
filet immense que les pêcheurs traînent sur le sable, qu'ils
déroulent, nettoient, étendent au soleil, assèchent, avec
des cris et des chansons au cours de l'exercice. Les spectateurs s'amusent un petit quart d'heure de ce déroulement
et du spectacle des pieds énormes et distendus des pêcheurs,
qui rappellent des étoiles ou des oursins. On aime le scorpion lorsqu'il s'étale et permet aux yeux avides de le
dénombrer, mais vient le moment où il se replie et se
met en boule. Il se retrouve alors vite seul, comme ce
filet sagement prêt pour la pêche, avant que n'éclate la
diane du jour qui se lève, sous le bleu firmament.

Tout gravite autour du sexe. Diffus, il n'impose pas
moins sa présence. C'est pourquoi j'aime Wagner et Ber-
lioz, dont les héroïnes crient l'amour inutile, d'objet dérisoire, dans des décors qui donnent sur l'abîme. Faust lui-
même m'a toujours paru ridicule, avec Satan en Sancho
Pança. L'ardeur de l'amour, du sexe aux abois, je la retrouve chez Eva ou Brünnhilde ou Sieglinde, dans la
pénombre d'une cathédrale ou d'un burg, ou caressant le
chanfrein de Nachtmar. Captives des sens, les héroïnes
wagnériennes aspirent à un plus haut destin. Elles oscil-
lent entre l'homme qui, dans la coulisse, s'apprête à mêler
sa plainte à la leur, et l'image d'un autre amour qu'on
n'atteint que le bâton de pèlerin à la main. Kundry, dans
les ronces et les larmes, indique le chemin, sans jamais
laisser choir bardes et harnois. L'imagination de l'être

scorpion oscille entre l'invention sexuelle qui oppresse et l'idéal d'une beauté sans forme. Le désir est si fort d'une chair complémentaire que l'ordre du temps en est renversé. Rien ne compte plus que la satisfaction de ce besoin, sinon de ne le pas satisfaire. Dialogue où se trament, dans l'ombre de l'esprit et du coeur, complots contre soi, délivrances, ruptures, où aux serments succèdent les trahisons, où le feu, couvant toujours, éclate soudain, flambe, sur son passage brûle tout. Le scorpion est le témoin privilégié des blessures qu'il inflige à son corps. Que vienne s'ajouter à son esprit créateur la passion de la discipline, il sera heureux de se retrouver dans un ordre choisi. Toutefois, au milieu de mes travaux les plus souverainement liés à moi, mon esprit prend du champ, survole cette pièce où je suis. Tout scorpion est un diable boiteux qui, dans la chaleur humide de ces pièces qu'il a le don d'orner à l'image du sein maternel, rêve de faire éclater le toit, s'envoler non pour surprendre parents et amis, mais soi. Comment ne pas se renvoyer son image, si la multiplication d'un seul être engendre à l'infini les miroirs ?

Aimé-je aussi dominer ? Sans doute, mais dans l'acceptation par l'autre plus que dans l'imposition de ma loi. Je suis comme ces mères qui corrigent leurs enfants et exigent que le coupable sourie. Ce qui l'emporte en dernière analyse, lorsque les combats ont été livrés, c'est la raison, en ceci tributaire de la Vierge plus que du Scorpion. J'accepte que le monde soit tel, par mépris, par paresse devant l'effort qu'exigerait de moi la seule pensée d'avoir à le changer. Mon doute existe pour la consommation intérieure, qui permet à l'esprit critique de prendre son envol. En tout, dans la vie de chaque jour comme dans le jugement, la sobriété l'emporte que vien-

nent troubler des conclusions à l'emporte-pièce. J'aurai
l'air d'un brutal à cause de mes paroles, que la gentillesse
de mon corportement dément à la moindre occasion. La
souffrance des autres m'est insupportable, à la mienne je
n'attache d'importance que pour la conversation. Double,
semblable au Gingko Biloba, je me surveille, me regarde
agir, me vois passer dans la rue sans l'aide des vitrines.
Pourtant aucun désir de me changer, d'apprendre à marcher, à tenir haut la tête, à savoir utiliser mes bras. Enfant,
je sortais de la maison. A peine avais-je fait quelques pas
sur le trottoir qui menait à la rue, que j'entendais frapper
à la fenêtre de la salle à manger. Le rideau tiré, ma mère,
ou l'une de mes soeurs, épaules raides, me faisait signe de
me redresser. Je souriais et passais mon chemin en accen-
tuant une démarche molle qui, tournant le dos à l'autorité,
devenait insolente. Je revois la maison, les arbres, les fleurs,
tulipes, pétunias, à droite un bel érable, élégant, dont les
feuilles bruissaient, à gauche, dans l'angle, un peuplier
d'Italie qui montait jusqu'à ma chambre. Je n'oublie pas,
non plus, les épaules cambrées de ces femmes à la fenêtre.
Obéir. Il me paraît qu'il y a, dans l'acte de commander,
une certaine vulgarité, que seul un homme éminent peut
transcender en imposant sa volonté. Homme de cette
sorte, je n'ai rencontré aucun. Des médiocres, oui, auto-
ritaires et suffisants, en grand nombre. Aujourd'hui, bénisseur, j'ajoute à leur nom mille circonstances atténuan-
tes : la femme de l'un, la goutte de l'autre. Jeune, déjà,
je déconcertais. J'arrive à l'Ambassade de Paris, à titre de
troisième secrétaire, timide et fringant. J'y ai trouvé Jean
Désy, homme à la tête forte et à la taille menue. Il avait
honte de n'être pas, comme son collègue britannique,
Gladwyn Jebb, un géant blond. Son intelligence était
supérieure, sa culture reposait sur d'immenses lectures et

une vie étonnante. Il aurait ri volontiers s'il n'avait pas été Ambassadeur. Il l'était. Nous nous rencontrâmes comme, en haute mer, deux bateaux. Je ne sentais aucune attirance du destin, et mon âme, à la première rencontre, ne réagit que par l'indifférence. J'avais l'habitude de la solitude, Jean Désy avait celle des échanges. Il adorait commander, je n'aimais pas obéir. Je l'estimais futile, car il passait son temps au téléphone, à traquer dans Paris d'anciennes connaissances qui lui permissent d'oublier qu'il avait vieilli. Pitoyable spectacle, songeais-je, que celui de cet homme brillant qui ne renvoie plus de lumière ! Nos rapports, loin d'être amers, fulgurèrent. Cependant, dans nos coeurs, un lent travail de reconnaissance s'accomplissait. Sous l'automate, je découvrais un homme sensible que la vie avait torturé. A son ambition mondaine, rien en lui ne répondait plus. Ses grands yeux à fleur de tête, sous le front pur et la merveilleuse chevelure blanche, demandaient qu'on ne jugeât pas trop vite sa déchéance chamarrée. Il avait arraché à la vie mille trésors dont il ne voulait plus. A quoi réfléchissait-il, au fond de son immense bureau ? C'est cette énigme qui m'a rapproché de lui et qui a fait, qu'un jour, je me suis rangé, dans l'armée de la vie, à ses côtés. A son âme impuissante, j'ai voulu offrir le soutien de la mienne encore jeune. Il n'y eut jamais, entre nous, de ces explications qui ne débouchent, au mieux, que sur la sentimentalité. Simplement, un acquiescement. Nous nous acceptions, par-delà le travail, en tant qu'hommes. Nous avions appris, à tâtons, à oublier le décor de nos vies. Jean Désy me l'avoua, avant que je ne parte pour l'Indochine. Je n'oublierai pas ce regard qui vous poursuivait d'amertume. Le Zodiaque avait rempli son ciel d'étoiles, sans qu'il pût jamais en saisir aucune.

La nuit m'est chère, au creux du lit, souvenir de la couveuse. Parfois, je m'éveille et regarde ma chambre dans le noir. Combien je souhaite que s'avance, bien encadré par la porte, quelque fantôme ! Il vient vers moi, se penche sur ma forme allongée et murmure des choses indistinctes. Peu m'importent les paroles, seule compte la voix qui, dans son souffle, me rappelle les voix souveraines de l'enfance. Je pense alors que c'est tout le passé de ma race qui remonte le fleuve du temps et me parle. Je sais qu'il n'en est rien. Pourtant mon souhait qui, à mesure que les heures passent, devient désir, se hausse et entrevoit des régions lointaines où l'univers des ombres est le seul qui dure. Peut-être ces fantômes, dont j'agence moi-même les visites et le menuet des gestes, servent-ils d'offrande propitiatoire à la mort et l'incitent-ils à retarder le moment où elle déposera sa carte sur ma table de nuit. Vains gestes, je le sais, et je me réfugie dans l'acceptation de ce qui, parce qu'il doit être, sera.

Où ira ce corps, avec ses humeurs et ses larmes ? Dans un trou. J'aimerais mourir en Tunisie, l'automne, lorsque le vent et la pluie se mêlent et frappent à toutes les portes. On m'envelopperait dans un drap, on me déposerait devant ma maison, dans la terre froide et mouillée à laquelle collent encore des relents du dernier été. Les pluies de l'hiver, la rencontre des sucs de la glaise et des miens, feraient disparaître, dès avant que le printemps revienne, trace de ce que j'aurai été. Rien que cette terre, argile rouge où glisser avec mon souvenir. Plus tard, à l'occasion d'une transplantation, on creusera. Un lambeau de drap, collé à sa pelle, surprendra le jardinier. Il le regardera un instant et le lancera sur un tas de cailloux. Le soir, avant de rentrer, il jettera cailloux, racines pourries, fleurs

séchées, immondices, dans une brouette. Regardez-le qui
s'éloigne, la démarche lourde, poussant devant lui, tout
entremêlées, la vie et la mort.   Porteur ignorant de mon
destin, il disparaît avec un autre jour.

Table des matières

Amour	7
Bonheur	15
Chien	25
Désir	35
Exil	41
Fenêtre	49
Gant	55
Homme	61
Ironie	69
Jeunesse	77
Kyrié	83
Lecture	89
Musique	105
Nuit	117
Ordre	125
Père	131
Quand ?	139
Regard	145
Solitude	153
Table	159
Un	165
Vérité	169
Wagon	175
X	181
Yoga	185
Zodiaque	189

DU MÊME AUTEUR

Nouvelles et romans

MATER EUROPA
Montréal, Cercle du Livre de France/Paris,
Grasset, 1968.

LE MANTEAU DE RUBEN DARIO
Montréal, H.M.H., 1974.

LES PAYS ÉTRANGERS
Montréal, Leméac, 1982.

LE DÉSERT BLANC
Montréal, Leméac, 1986

Poésie

ASIES
Paris, Grasset, 1969.

PETITS POÈMES PRESQUE EN
PROSE
Montréal, H.M.H., 1978.

LE PRINCE DIEU
Montréal, Leméac, 1984.

Essais

EXILS
Montréal, Presses de l'Université de
Montréal, 1965.

SIGNETS I et II
Montréal, Cercle du Livre de France, 1967.
(2 vol.)

SIGNETS III — LA CONDITION
QUÉBÉCOISE
Montréal, Cercle du Livre de France, 1973.

OZIAS LEDUC, dans OZIAS LEDUC ET
PAUL-ÉMILE BORDUAS
Montréal, Presses de l'Université de
Montréal, 1974.

AUTOUR DE BORDUAS
Montréal, Presses de l'Université de
Montréal, 1977.

VOYAGE D'HIVER
Montréal, Leméac, 1986.

**Déjà parus
dans la collection
Poche / Québec**

1. *Le premier côté du monde* de Jean-Paul Filion
2. *Les grandes marées* de Jacques Poulin
3. *Un aigle dans la basse-cour* de Suzanne Paradis
4. *Maman-Paris, Maman-la-France* de Claude Jasmin
5. *La grosse femme d'à côté est enceinte* de Michel Tremblay
6. *Thérèse et Pierrette à l'école des Saints-Anges* de Michel Tremblay
7. *Moi, Ovide Leblanc, j'ai pour mon dire* de Bertrand B. Leblanc
8. *La Sagouine* d'Antonine Maillet
9. *La Sablière - Mario* de Claude Jasmin
10. *Le Surveillant* de Gaétan Brulotte
11. *La Saga des Lagacé* d'André Vanasse
12. *Mort et naissance de Christophe Ulric* d'Yvon Rivard
13. *Survivre* d'Alice Parizeau
14. *Adieu Babylone* De Naïm Kattan
15. *Mon cheval pour un royaume* de Jacques Poulin
16. *Maîtrisez votre colère* de Tim Lahaye et Bob Phillips
17. *Le sang du souvenir* de Jacques Brossard
18. *Dictionnaire de moi-même* de Jean Éthier-Blais

Sciences humaines

1. *Causes célèbres du Québec* de Dollard Dansereau
2. *Pour réveiller le Dieu endormi* d'André Moreau

Achevé d'imprimer sur les presses
de l'Imprimerie Gagné Ltée
0300487